仏教とキリスト教の統合

「地球教を目指して」

—高橋信次先生に捧ぐ—

佐藤　秀人
Sato Hideto

風詠社

はじめに

前回『彼岸《ひがん》の悟り—高橋信次先生に捧ぐ』を出版してから、さらなる霊的境地と愛の実践を目指して方法を模索していました。その後、高橋信次先生のことをもっと詳しく書きたいという思いも出てきました。しかし、思いとは逆に全く普通の境地に戻され、普通の日常に戻ってしまいました。そこで、これ以上の心境的後退を防ぐために好奇心的な霊的境地の模索を止めて、愛の実践へ集中することにしました。

ただ愛の実践と言っても、難しいことです。そこで、祈りからスタートしました。朝の祈り、食事の祈り、健康の祈り、就寝前の祈りと唱えていました。愛の方向を模索しながら、愛の実践の具体化を見つけたいと、そんな時でした。

愛と悟りは「正法《しょうほう》」（神の教え）の両輪ではないかと、閃《ひらめ》きがありました。それからしばらくして、仏教とキリスト教は合体して「真の正法」が完成する、という啓示が降りてきたのです。自分でも「そうだったのか」と納得していると、さらに「地球教」までのストーリーも降りてきました。

東洋で発展した仏教と、西洋で発展したキリスト教が、現代という時期を迎え、この日本の地で統合される時代が来たのです。
悟りを求める仏教、愛を実践するキリスト教。この統合は、時代の要請として可能であり必要です。本来、慈悲や愛を説く宗教なのですから、統合の可能性は理解できると思います。

そこで本書では、現実には同じ宗教の中で対立してきた仏教とキリスト教ですが、悟りや愛の基本について考察し、それぞれの長所・短所を整理し、両者の統合という方向を模索し、さらには今後求められる「地球教」という概念まで提示してみました。

悟りと愛の統合が本のテーマですが、途中、ふっと降りてきたものをコラムとして紹介したり、最後に〝3つの提言〟というかたちで掲載しました。本文とは関連のないものもありますが、息抜きとして読み流して下さい。本書が、仏教やキリスト教を学んでいる方々に、宗教の垣根を越える参考になれば幸いです。

目次

第1章　悟りとは何か

1　悟りの整理

悟りとは、狭義的には心の修行による霊的覚醒《れいてきかくせい》（四次元感覚の発現）を言います。私は、この霊的覚醒の初期の境地を「彼岸《ひがん》の悟り」と名付けてみました。

本来の悟りは、菩薩《ぼさつ》の手前である阿羅漢《アラハン》以上の霊的能力の獲得を含みます。広義的には、体験的悟りである人生の悟り、経験的悟りである職業的悟りや、知的悟りである学問的悟りなども含まれます。人生や職業や学問を通して「気づいた」「納得した」というレベルのものです。

達観のような「人生の悟り」の例としては、「急がば回れ」「情けは人の為ならず」「短気は損気」「石の上にも三年」などが腑《ふ》に落ちることです。

その他、職業経験の蓄積からくる「気づいた」という悟りや、学問の積み重ねや読書などによる「分かった」という悟りもあります。

迷いの岸と言われる「此岸《しがん》」からスタートした修行は、煩悩の川を泳ぎきった岸と言われる「彼岸」の境地で霊的覚醒が発現します。

釈尊の弟子で、ハンドフ（周利槃特《しゅりはんどく》）という方がおられました。彼は記憶力が悪く、兄弟子が教える教えを覚えられなかったので、釈尊から「ちりをはらい、あか（ゴミ）をのぞく。あかをのぞき、ちりをはらう」ということだけを教えてもらい、毎日、その言葉だけを唱えながら掃除をしていました。その結果、ハンドフは心の中が精妙化したことを実感し、霊的覚醒の悟りを開きました。ハンドフは、四次元以降の世界である霊界の存在、太陽の光とは種類が違う霊界の光を実感したのです。この時のハンドフの悟りが、彼岸の悟りです。

霊界の光を実感する方法を、太陽の光に例えて説明します。家にいて太陽の光を確認したい場合、その方法は2つです。

①窓のカーテンを開けることです。晴れていれば、これだけで太陽の光を確認できます。

②もし曇りの場合は、雲が晴れるのを待つことです。一箇所でも雲の切れ目ができ

れば、そこから太陽の光が射し込んできます。あるいは、飛行機に乗って雲の上に出ることです。飛行機に乗って雲の上に出ると、空はいつでも晴れていることが分かります。

この１つ目のカーテンを開けるという行為が、仏教的には所謂《いわゆる》酒・金・女・地位・名誉に代表される執着を捨てるという修行です（断捨離とも言います）。

２つ目の雲の晴れるのを待つという行為は、仏教的には表面意識と潜在意識の間にある心の想念帯《そうねんたい》（記憶装置帯）を浄化する修行・反省行に喩《たと》えられます（八正道の修行です）。また、飛行機に乗るという行為は、谷口雅春先生創始の新宗教団体である「生長の家」の、光のみ実在とする光明思想で、思いの連続性を前後裁断《ぜんごさいだん》し、闇から光へ光明転換する修法です。

初期の悟りは、家の中から外に出て太陽の光を確認し、または雲の切れ目から太陽の光を確認し、感動しているような状況です。つまり悟りは、自分の心を精妙にし、想念帯の中の曇りを取り除いた時に、あの世の太陽である霊太陽《れいたいよう》の光が、実在界《じつざいかい》（あの世）から射し込んでくるのが分かることです。

太陽や霊太陽は、昼も夜も常に輝いています。それを感じないのは、家から出ないか（断捨離）、あるいは晴れ間を待たないか（反省行）、それとも飛行機に乗ったことがないか（光明思想）、それだけです。たったそれだけの自力で、天国の光である偉大な他力の光を感じ取ることができます。

ハンドフは「自分は、他の弟子たちより物覚えが悪い」と悟り、釈尊に教えを請いました。そして「ちりをはらい、あかをのぞく。あかをのぞき、ちりをはらう」という1つの教えだけを頂いたのです。ハンドフは、いつもこの教えを唱《とな》えながら掃除をした結果、彼岸の悟りにまで到達したわけです。つまり、悟りの入り口は、物覚えの良さ悪さという知性や、理性や感性や体力の問題ではないのです。「心の中の塵《ちり》を払い垢《あか》を除く。心の中の垢を除き塵を払う」という単純なことを心で信じ、行動することだったのです。先輩弟子たちの難しい宗教理論では、ハンドフは悟れなかったのです。

釈尊は、菩提樹の下で悟りを開いたのであって、仏教大学を卒業していません。イエス様も大工の息子であり、神学校を卒業していません。お二方とも、最初は宗教的には素人から出発しています。素人であっても、悟りを開く条件として心の中の「ちりをはらい、あかをのぞく。あかをのぞき、ちりをはらう」という実践をすることです。これはイエス様の言われる「心の清い人」「幼子の心」と同じで、心が無執着で何ものにも囚《とら》われていないという意味です。

次の阿羅漢の悟りとは霊的能力の獲得で、ここからが「本来の悟り」です。霊的能力とは、天眼《てんげん》（霊が見える）、天耳《てんに》（霊の声が聞こえる）、宿命《しゅくみょう》（未来や前世が分かる）、神足《しんそく》（思う場所に行ける）、他心《たしん》（心の声が分かる）、漏尽《ろじん》（霊能力のコントロール）など６項目あります。ただ不動心や不退転《ふたいてん》の心境は日々のものであり、霊的能力に慢心があったり、不動心があるからと油断があれば、いつでも転落する危険性があります。一瞬一秒とまではいかなくても、それ相応の気構えが必要です。

菩薩以上の悟りが「本物の悟り」であり、その中身は自己確立という修行が終わり、衆生済度《しゅじょうさいど》（人々の救済）のため愛の行為ができる方々の領域です。菩薩を別名「天使」とも呼び、如来を「大天使」とも呼びます。

2　宗教とスピリチュアル

スピリチュアルとは、精神的とか霊的という意味合いで使われる、広範囲な精神世界一般を意味します。スピリチュアルの世界で、特に死者の霊との交信である霊的交流による思想を、スピリチュアリズム（心霊主義）と呼びます。スピリチュアルは、人間の本質である「スピリット」（霊魂・精神・生命エネルギー）の解明・研究を通して、自分を知り宇宙を知っていこうとするものです。

では、宗教とスピリチュアルの違いは何でしょうか。それは、神理を体系化した「法」（永遠の真理）を根底に持っているかどうかです。

・宗教は、法のもとに人間完成を目指します。
・神から出た真実の教えを「神理《しんり》」と呼びます。
・神理を体系化したものが「法」です。

法が神意（神の御心）に適い、「理証《りしょう》」（法理論）「文証《もんしょう》」（法理論の文章化）「現証《げんしょう》」（奇蹟）の3つが揃《そろ》っているのが、永遠不滅の神理である『正法』です。仏教もキリスト教も「正法」です。正法の基準としては、次のようなものがあります。

①人間の本質である心（魂）と、永遠の生命観の教えがあること。
②「あの世」と「この世」の教えがあること。
③愛と慈悲の教えがあること。

④秩序と礼節の教えがあること。
⑤反省（心の浄化法）の教えがあること。
⑥努力・精進（悟りや奉仕）の教えがあること。
⑦家庭内ユートピア（在家者）の教えがあること。

正法を地上の人類に説くために、救世主や如来は数千年に1回、菩薩は数百年ごとに、地上に人間として生まれてきます。そして、説かれた正法をもとに、人間はこの地上に生まれてきて修行し、それによって魂が成長し、また「あの世」に還《かえ》るというのが、本来の人生の目的であることを説かれています。このことを「本来の転生輪廻」と呼んでいます。

本来の転生輪廻が確立していれば「宗教だ」「スピリチュアルだ」と騒ぐ必要もないのですが、今のこの世は真実が不明な故に、霊的知識が混沌としています。こうした時代のことを、仏教的には「末法《まっぽう》の世」と呼んでいます。

本来、正法を説く宗教でも、今では御利益《ごりやく》宗教、観光宗教、葬式宗教あるいはカルト集団になっているものもあります。またいつの時代でも、もともと人間の本質は魂（霊）なので、霊的現象は絶えません。そこで、どうしてもスピリチュアルな研究も出てきます。だから人間完成のための宗教（悟りと愛）と、霊現象を正しく解明するためのスピリチュアルは、人間にとって両方必要です。

ただ釈尊は、スピリチュアル的研究を、研究している間に寿命は尽きるから優先順位を間違えるなという「毒矢の喩《たと》え」で諌《いさ》めました。これは「悟りを開く」という目的がはっきりしているのに、途中で道草を食うなということです。例えば、山の頂上を目指しているのに、途中で昆虫採集や植物採集をしたり、峠の茶屋で一服していると登頂はできません。また、間違った道に入っている人に「あなたはあなたのままでいい」というような「反省の教えがない」場合、そこから脱けられない状態になります。釈尊は、そこを戒《いまし》めたのです。

しかし、それから2500年が過ぎました。科学も進化して、霊界解明の一歩手前まで来ています。動物霊や邪霊に騙されるなどの弊害はありますが、霊的研究からのアプローチも現代は必要なのでしょう。

一昔前までは各町内に「お神様」と呼ばれる方がいて、紛失物から喧嘩の仲裁、病気の治療まで、幅広く庶民の相談窓口になっていました。また、正邪の判断基準にも一役買っていました。そういう意味では巷《ちまた》の神様も、相談役としては有り難い存在だと思います。

悟りを求め、法を求めて人生の旅をしながら、スピリチュアルで現実面の問題を解決するというスタイルは、これから先も続くと思います。

3　悟りの必要性

なぜ悟る必要があるのでしょうか。それは、もともと人間は悟っていて、人生の意味や転生の意味を、納得済みで地上生活をしていたのです。では、何を悟っていたのでしょうか。それは、次のようなことです。

(1) 人間は、本来霊である。霊とは、思考するエネルギーである神の意識が個性化したものであり、個性化した人間霊が、一個人として地上に生まれてくる。霊は、人間霊の他に、動物霊、植物霊、鉱物霊などがある。天上界の人間霊が、地上の肉体に宿るために、人間と同じ形に姿を変えたものが「魂」である。魂という霊体の中心部分が「心」である。心とは「思考するエネルギー中枢」であり、表面意識・想念帯《そうねんたい》・潜在意識などで構成されている。脳は心と肉体をつなぎ、肉体を統御するためのコントロールセンター（中央管理部門）であり、記憶や思考は「心」が司《つかさど》っている。（だから幽霊になっても記憶や意識がある）

(2) 本来、霊である人間が、修行のために一定期間、あの世からこの世に生まれくる（転生輪廻を繰り返している）。

(3) 生まれてくる人生の目的は、魂の新たな経験と進歩であり、使命は地上ユートピアの建設である（各自の心からスタートし、家庭ユートピア、社会ユートピアと進化していく）。

(4) 肉体生命が終わると、魂は元の「あの世」の世界に還る。

(5) 還るあの世の世界は、自らの魂の輝き（光の量）で住む所が決まる。心がより豊かに大きくなった魂は、元いた世界より上位の天国の世界に還れるが、逆に人生の中で、恨みや怒りや足ることを忘れ欲望のままに生きて心を小さくした魂は、しばらく幽界（四次元）の修行場で再修行する。悪を働き、心が真っ黒になった魂は、幽界の最下層である地獄で修行する場合もある。

これらを人は本来、悟っていたのです。

ところが近年、物質文明が進み霊的知性である悟性《ごせい》が退化するにつれ、信仰心や宗教心が薄れ、物や金が全てだと思い、地位や名誉に執着したために、この地上世界が暗黒化し、死後に帰る世界も地獄界という展開が多くなってきました。そのため現在では、多くの如来や菩薩と言われる天使たちが地上に生まれ、矢継ぎ早に法を説かれていると聞きます。

であれば、この地上世界を本来の平等で平和な世界に戻すためにも、多くの方々に悟りを取り戻してほしいのです。そして、これから生まれてくる子供や孫たちが、修行の結果、より大きく豊かな心を獲得して進化できるような世界にしたいのです。

しかし、今の世の中では〝いじめ〟で自殺があり、格差があって財力や権力を持っている一部の人たちが、私利私欲で牛耳《ぎゅうじ》っている不公平な世界であり、愛と慈悲、法と秩序に満ちた世界とは言えない状態です。こんな地上世界では、わざわざ天国から地上に「修行のために生まれて来なさい」と招待できません。そのためにも地上ユートピアが一日でも早く建設されてほしい、その出発点が各自の悟りです。

また、人類は悟りを忘れてからは、自分の主体的力で生きていると思っていますが、実態は違うのです。どうしてかというと、多くは自分の魂の善我《ぜんが》（良心）でなく、偽我《ぎが》と言われる肉体的我《が》の影響で生きています。というのは、あの世で生活していた人間霊は、地上の肉体に宿るために、霊体よりさらに小回りの利く「魂」という形態をとって、肉体の中に入ってきます。そして最初は「三つ子の魂百まで」と言われるように、魂が肉体の操作の仕方を覚えていきます。これを霊主肉従《れいしゅにくじゅう》と言います。ところが、思春期を過ぎたあたりで「肉体の我」が、魂の善我より優位に立ち始めます。これを肉主霊従《にくしゅれいじゅう》と言います。

人間は、肉体を持つが故の本能的欲求や、衣食住の欲求、肉体の身体的能力の誇示欲求などの強い影響を受けています。また多くの場合が、守護霊の影響ではなく、悪霊（不浄霊）の影響下で生きています。この肉体我や不浄霊の支配から逃《のが》れるためにも、個々の悟りが必要です。

霊的覚醒の悟りのためには、やはり相当な決意が必要です。「分かった」というような知的悟りは学習だけでも得ることができますが、霊的覚醒までは行けません。ハンドフが先に悟りを開いて、ハンドフに教えを説いていた兄弟子たちが悟れなかったような例があります。また、ほとんどの方の霊的知識は、まだ未整理であり混沌のままです。これは、現在の宗教に原因があります。

もう少し科学が進んで、四次元以降の時間・空間の扉を開けた時に、異次元や異次元空間、時空連続体といった言葉が、実は、あの世や霊魂という説明の別表現であることが分かってくると思います。

第2章　高橋信次先生の教え

１　高橋信次先生とは

１９２７年（昭和２年）に高橋信次という、後に多くの方々から先生と呼ばれた方が長野県・佐久にお生まれになり、１９７６年（昭和51年）に48歳の若さで自らの予言通り（過労死で）亡くなられました。第二次世界大戦を自ら体験され、戦後、実業家として成功されていたお方です。40歳以降、亡くなられる最後の最後まで「神理・正法」を多くの方にお説きになられ、その高橋信次先生が創設されました組織が、東京・浅草にある「ＧＬＡ」という宗教団体です。

私は約12年間、信次先生の教えを勉強させて頂きました。入会したのは大学生の時でした。当時、年輩の方は高橋先生と呼び、若い方は信次先生と呼んでいたと思います。この本では、信次先生と呼ばさせて頂きます。

私は、信次先生と直接会話したことはありません。研修会の時でも、すぐ目の前におりましたけれども、自分から話しかける勇気がありませんでした。でもそれは、私だけでなく誰も話しかけないので、信次先生は自室に戻っていかれました。まだ心が綺麗でないという引け目か、それとも信次先生に心の中を読まれるという観自在力《かんじざいりょく》を怖れていたのか、あるいは信次先生の純粋な人柄に、純粋でない私が本能的に近寄れなかったのだと思います（私も含めてほとんどの人が、信次先生に霊道を開いてほしいという欲を持っていました。この時の信次先生は非常に元気で、あと5年は寿命が延びるという話が伝わりましたが、この3ヶ月後の6月25日、予言通りにご逝去されました）。

世界的に見渡して、霊能者・超能力者と認められた方は何人もおります。

イエス様や釈尊やモーセ様などの救世主の方の他にも、例えば、この世にいながら霊界に出入りし『霊界日記』を書いたスウェーデンのスウェーデンボルグ博士や、ウクライナ出身で神智学協会の設立者ヘレナ・ペトロヴナ・ブラヴァツキー。日本の天理教教祖の中山みき。神水現象の長南年恵《おさなみとしえ》。レイキ療法創始者の臼井甕男《みかお》。大本教教祖の出口王仁三郎《でぐちおにさぶろう》。アメリカの眠れる予言者エドガー・ケイシーや、同じくアメリカで体外離脱体験からヘミシンク技術を開発したロバート・モンローなど（敬称略）が知られています。

これらの方々に比べても、信次先生の超能力・霊能力は桁外れのものがありました。私が今まで調べた限りでは、信次先生は人類史上最大の預言者・霊能者・超能力者だと思います。そういう意味で、信次先生の研究資料は、もっと権威のある博物館で保存されるべきです。信次先生の霊界解明の業績は、日本が世界に誇れる宝です。スウェーデンボルグ博士の資料は、イギリス大英博物館に保管されています。まだ、信次先生のことを書かれた数多くの著作物がありますので、関心を持たれた方はそちらを参照して頂きたいと思います。

ここでは、私が直接体験したことや聞いた話を、何点か挙げたいと思います。

(1)　夢テスト

①信次先生の信じられないような奇蹟の中でも、信憑性《しんぴょうせい》のある出来事です。これは、夢の中で修行させられるというものです。大きく分けてお金と異性がテーマでした。１つは、お金に対する執着の夢テストです。A氏の夢の中で、玄関の靴箱の上に現金が置いてあって、それを見て思わず自分のポケットにしまってしまい、その瞬間「あっ、やってしまった」と反省したそうです。次の日、

信次先生から見事に夢の内容を指摘されたということです。金銭欲・物欲への執着度のテストですが、他人事とは思えないテストです。

②また、異性に対する夢テストも、かなりの方が告白されています。私が歯科大学5年生の頃、GLA名古屋支部のN講師が、夢テストで信次先生に褒《ほ》められた話をして下さいました。それまでは夢で何回か失敗していたそうですが、ある日、夢の中に裸の女性が何人か出てきたそうです。その時、夢の中で「信次先生分かりました。もうやめて下さい」と訴えたそうです。そうしたら次の日、信次先生から「ようやく合格したね」と褒められたそうです。(これは出家した修行者に対するテストです)

この夢テストのことだけでも、信次先生が只者《ただもの》ではないことが分かります。夢占いや精神分析とは全く違います。他人の夢をコントロールし、そこで修行の程度を検証できる方とは、いったいどんな方なのでしょう。日本に、このような方が本当に存在していたのです。我々、とりわけその方面の専門家は、もっと信次先生の教えを研究してもいいと思います。

(2) ジャワ島の金鉱石・物質化現象

①この話も当時はかなり有名で、体験された御本人も話されていますし、信次先生もご講演の中でお話しされています。その当時の早稲田大学工学部部長Ｓ氏が、昭和42年にジャワ島で金山の調査をされたそうです。その方が、次の年に知人と共に、これは商売になるのかどうかを尋ねるために信次先生を訪ねたそうです。そこで信次先生は２分ほど瞑目し、立ち上がったその時です。合掌した手が頭まで持ち上がった瞬間、ガラッガラッと３個の鉱石が目の前に落ちてきたそうです。本来、ジャワ島にしかない金鉱石が現れたのでビックリしたわけです。そして信次先生は、事業のためのアドバイスもされたわけです。その方は、その金鉱石を東京通産局に持ち込んで分析依頼しました。その結果、ジャワ島の金鉱石と類似しており、手品などではないことが分かったそうで、信次先生のアドバイスは信用できると確信したという話です。

②その他にも、信次先生と金《きん》の物質化現象の話は数多くあります。例えば、信次先生の周囲に金粉が降ってきたとか、信次先生の汗が金に変わったなどです。今でも、信次先生のビデオ講演の中で、講演中の信次先生の汗が金に変わり始める様子を見た司会者がビックリして、思わずマイクで「信次先生のお顔に金

が…」と呼びかける姿と、信次先生のアップされた顔に金粒が光るのを鮮明に見ることができます。私も、講演会や研修会の終わりに、最前列の方で「金が服にいっぱい」などと言っている会話が聞こえていました。しかし私の実家が歯科技工所で、小さい時から材料として金を扱っていたので、それほど金に関心がなかったせいか、わざわざ見に行くことはありませんでした。今思い起こすと、本当の金であるか確認するためには、自分の目で確かめるべきだったと残念に思っています。

(3) 悪霊との戦い

①これは、私が実際体験した話です。大学6年生の時、あと2週間で歯科医師国家試験という大事な時期のことでした。3月でしたが、和歌山県白浜で「GLA研修会」が開催されるというのです。講演会には何回か参加しましたが、研修会には一度も参加していません。これは絶対行かなければならないという思いがあり、是非にとお願いしたら参加を許可されました。2日目の午後は、野外で反省・瞑想の実習である「禅定《ぜんじょう》」の指導があり、各自敷物を持ってホテルの裏側の広場に集合しましたが、信次先生がいつまで待っても出て来られませ

ん。30分を過ぎた頃、姿を現され、先生の述べられた内容に驚愕《きょうがく》したものです。「私（信次先生）がホテルから出ようとしたところ、雲に隠れていたサタン（悪魔）から矢を放たれ、その矢が私の心臓の近くに刺さったのです。その矢を抜いて傷口に光を当ててから来ましたので、遅くなってしまいました。サタンは、雲に隠れていて見えなかったのです。油断していました。矢が胸に刺さってビーンと振動した時の、その振動がとても痛かったです。普通であれば、それで突然死してしまいます。幸い私は、その矢を抜いて手当てをして、少し休んでからここへ来ました」。このように話されたのです。この後、もう少しお話は続いたのですが、私はここの部分だけを、40年以上経った今も鮮明に覚えています。私は心の中で「この方はいったい何者なのだ」とつぶやいていました。信次先生ほど、悪霊と戦った方はいないと思います。

②一般的な講演会は2時間ほどの内容でした。講話が1時間、現象実験が1時間でした。その現象実験は30分が悪霊対決、残り30分が霊道実験や守護霊との交信、または過去世の証明などでした。信次先生は、我々がよくテレビで見るような、時間のかかるエクソシストではありませんでした。信次先生の圧倒的な霊的パワーの強さの前では、悪霊は誰一人として刃向かうことはできませんで

した。ただ、憑依霊を除霊する時は、信次先生でも時間がかかる場合がありました。というのは、憑依霊にも言いたいことや言い訳など「主張」があるのです。だから、無理に除霊すると心停止や意識消失が起きる「力技」だけでは無理で、説得も必要でした。説得しても納得はしてくれないので、最後は説得プラス力技になりますが、それを「権威」というのだと思います。是非、プロの宗教家には参考にしてほしいと、自信を持って推薦できるビデオが沢山あります。

(4) トイレ掃除

これは霊能力とは関係のない話ですが、信次先生の人柄を知ってもらうためにご紹介します。

①ある研修会で参加者の方が、トイレでスリッパを揃《そろ》えている方を見て、そこの従業員だと思い「ご苦労様です」と声をかけたそうです。その方は黙々とスリッパを片付けた後、トイレ掃除を始められたそうです。その後、講演会が始まり、演台に登壇したのが先ほどのトイレ掃除をしていた方で、その方が信次先生だったのです。このトイレ掃除は、信次先生のお顔が知れ渡るまで続いた

そうで、会員が「私たちがやりますので、どうか先生はおやめになって下さい」とお願いしたそうですが、信次先生からは「これは尊い仕事なのです」と言われ、気がつかないうちにトイレ掃除をしておられたそうです。

②私もこの話を聞いてから、できるだけ自宅のトイレ掃除はしていますが、なかなか自宅以外のトイレまでは掃除できません。また信次先生の言わんとされる「徳」の真意も、頭では理解できますが、深い悟りのレベルにまでは到達できません。まだまだ信次先生には近づくことができません（なお現在、トイレ掃除はマニュアルに基づいて行われるようになっています）。

この項の最後に、私が信次先生の研究に入った４つの理由をお話ししたいと思います。

①信次先生は、今でも現存している「高電工業」というコンピューター関係の会社の社長で、物理系だということです。そのためもあって、アインシュタインの相対性原理の方程式やニュートン力学の方程式を駆使して、神理や仏教理論を解説するという、新たなアプローチの方法を取り入れました。私自身も科学で解明しようと思った時期がありましたので、その方向性に惹かれました。信次先生はよ

く「宗教の宗とは、宇宙を指し示すということであり、宗教は科学です」と言われました。この言葉が気に入ってました（科学は実験の宗教であり、宗教は当為の科学であるとも言えます。当為とは「現にあること」という意味です）。

②仏教を中心に、キリスト教、イスラム教まで統合しようとされました。そのスケールの大きさ・方向性に惹かれました。

③心の断面図や意識構造の図式化をしたことです。本来「心」には形などないはずなのですが「心に形や大きさがある」と言われ、「心は球体の形状であり、色は本来淡い黄金色だ」と言い切れる方とは、どのような存在なのでしょうか。しかもその球体である心の断面図を公開したわけです。もしかしたら、神様と言われる種属ではないかと思ったことがあります。

④何と言っても現象実験シチュエーションの多さと、それを公開し録画記録させていることです。私が故郷に帰った時、家族や親戚からは「大学に入って変な宗教に狂った」という評価でした。そこで、信次先生の「講演ビデオ」を家族や親戚一同で見てもらうことにしたのです。最初の講話では、半分くらいが寝ていました。ところがその後の「現象編」を見た時は皆驚き、特に私の伯父さんは「もう一度、講話を見せてくれ」と言ったくらいです。そこで再度上映し、もう一度講

話を聞き、全員で「この方の言われる宗教とは、縋《すが》ることではなく拝むことでもなく、毎日の生活が〝片寄らない〟という正しい基準に照らし合わせて生きている人が、本当の信心深い人だと言うのは本当だ」と納得してもらった時の感動は、今でもはっきりと覚えています。この当時、我が家では私の父が新興宗教と関わりを持ったため、親戚も巻き込んで大騒動が起きた時でした。この時から、私の高橋信次先生研究は本格化したと思っています。

2　高橋信次先生の教え

信次先生は、本来の仏教を非常に分かりやすく開示して下さいました。そのことにより「悟りとは何か」「悟りへの方法」「真の仏教の基本の教え」「本来の修行方法」が分かったのです。特筆すべきは、悟りの内容の全貌が分かったことです。

詳しくは『人間釈迦１　偉大なる悟り』を読んでほしいのですが、特に２５００年前の釈尊が悟った時、釈尊の心が宇宙大にまで広がり〝宇宙即我《うちゅうそくわれ》〟という境地に到達したというその内容は、私が調べた限りでは歴史上のどの書物にもないものです。実際、僧侶であり仏教学者でもあった前田惠學先生の著書『仏教要説―インドと中国―』にも「悟りの内容は、実は言葉で表すことのできない境界である」と書かれていますが、言葉で表せないはずの悟りを、信次先生は文章にしたわけです。

現在、ヘミシンクの分野でもフォーカス49のレベルは、太陽系を出て銀河宇宙レベルと言われていますので、宇宙即我が大宇宙レベルということであれば、神の境地と言わざるを得ません。釈尊の悟りは神即我の直前だったのかと、改めて畏敬の念を抱きますが、それまで言葉には表すことができないと言われていた悟りの内容を、文章化された信次先生という方も、いったいどれほどの方であられたのか、今後のさらなる研究が待たれます。

それでは、高橋信次先生の説く教えを要約し解説してみたいと思います。

①大宇宙を支配し統括する大意識が、神である。神とは万物の創造主であり、仏とは人間として生まれて悟りを開いて、神と同じような境涯《きょうがい》になられた方をいう。

②神は、非物質界である「あの世」と物質界の「この世」を創造し、この2つの世界にあって、法秩序の中に住まわれた。

③人間は、天地創造と共に神の意識から分かれ、神の意志を受け継ぐ「神の子」として、非物質界に誕生した。その後、物質界に誕生し転生輪廻を繰り返している。
④人生の目的は、経験値の獲得による魂の進化であり、人生の使命は地上ユートピア（理想郷）の建設である。
⑤人生の苦しみの原因は、中道を外れたモノの考え方や行動と、執着や足ることを知らぬ欲望にある。
⑥苦しみから離れるためには執着を捨て、中道を基準として両極端なモノの考え方や行動を修正することである。
⑦人間は本来霊であり、肉体に宿るために魂という形態をとり、その魂の中心が、心という思考するエネルギー体である。心は愛と慈悲の塊《かたまり》であり、その心には形と大きさがある（心が調和されている時は丸く大きくなっているが、恋愛などの時はハート型に、恨みや怒りの時は小さく歪《いびつ》な形になっている）。
⑧心は大きく表面意識、想念帯《そうねんたい》、潜在意識の3つに分かれる。表面意識は「この世」で活動している意識で、別名「自我」とも呼ぶ。想念帯は、現在並びに過去世の記憶装置である。潜在意識は「あの世」で活動している意識で、「良心」「善我」「真我」とも呼ばれる。

⑨心の成長と魂の進化のため、人間は世界中を転生輪廻している。ある時には日本人として生まれ神道や仏教を学び、またある時には中国人として生まれ儒教を勉強し、またロシア人として生まれた時は社会主義思想を学び、またアメリカ人として生まれ変わった時はキリスト教を勉強するというように、転生輪廻を続けることで、心の中にはその時々で獲得した智慧が多宝塔《たほうとう》として存在している。この事実が分かると、戦争とは自分の肉体子孫と戦うという愚かなことであることが分かる。つまり、何代か前の先祖は自分であり、何代か後の子孫も自分であるということが分かる。

⑩正しい心の探求方法が、釈尊が提唱した反省方法の八正道であり、正しさの基準は中道である。中道を見極めるには、生まれてから現在までの思ったこと、行ったことを思い出し、その一つ一つをじっくりと反省することである。なぜそう思ったのか、なぜそういう行動をしたのかを考えて、思い方や行動の仕方の特徴となる自分の傾向性を知ることが「中道の道」を掴《つか》むきっかけとなる。

⑪反省後の瞑想は、想念帯の浄化により霊光の進入路が開き、潜在意識から表面意識に向かって霊的意識が流れ込み、人によっては霊道《れいどう》が開け、心の中の守護・指導霊と対話が可能になる場合がある。しかし、霊道が開けること自体が悟りでは

なく、その後の六波羅蜜（菩薩への修行方法）などの実践により「自己を確立」することが、悟りに近づく大切な要諦《ようてい》である。

⑫霊道が開け、心の中で守護・指導霊と対話ができるようになった後は、より謙虚に修行に邁進《まいしん》し、法の証明者としての自覚を持って生活することが大切である。

⑬一旦、霊道が開けると閉じることはほとんど不可能で、増上慢《ぞうじょうまん》の心や不調和な心が原因で悪霊《あくりょう》の餌食になり、気狂いや廃人になる場合がある。くれぐれも妬《ねた》みや恨《うら》みや心の三毒（愚痴《ぐち》、怒り、足ることを知らない欲）を持たないようにすることが大切である。どれだけの霊能力があっても所詮《しょせん》人間は神にはなれません。天上界の守護・指導霊を超える事はできません。たとえ救世主であっても地上にいる間は、一人の人間として人生を送ります。常に修行の原点に立って、謙虚な人間である事が大事である。

⑭愛と慈悲の心を絶えず確認し、人には優しく、己には厳しく、寛容の心を養うことが大事である。

⑮仏教の原点、キリスト教の原点に返る心構えが大事である。「実るほど頭を垂《た》れる稲穂かな」（信次先生の口癖です）。「神仏の光求めて幾星霜《いくせいそう》　悟れば仏《ほとけ》我が心なり」（信次先生の詠《うた》です）。

これらが、高橋信次先生の説いた教えの大きな骨格であると思います。

ここで当時、私が驚いた教えを紹介します。それは、阿弥陀様《あみださま》に帰依《きえ》しますという意味の「南無阿弥陀仏《なむあみだぶつ》」の由来です。

当時の信次先生の教えには「諸法無我《しょほうむが》」とは、「宇宙の真理」（諸法）には「個人の我が入らない」（無我）ものである。つまり「諸法無我」とは、神理の教えには人の「我」は入らないのだから、神理は何年経っても変わらないのだという解釈や、「色即《しきそく》是空《ぜくう》／空即是色《くうそくぜしき》」が$E=mc^2$と同じことを言っている（E＝エネルギー＝空。m＝質量＝色）。つまり「色即是空／空即是色」は、物質はエネルギーに変わり、エネルギーはまた物質に変わるのだから、物質に執着してはいけないとか、解釈がユニークなものが多くありました。色々ある中で驚いたのが「南無阿弥陀仏」でした。これは、当時のインドのマガダ国での話です。

アジャセという王子が、国王である父を殺し、その母であるイダイケ王妃を牢屋に幽閉《ゆうへい》してしまいます。そこで、王妃が釈尊の説法だけは聞かせてほしいと懇願したことにより、その獄中で説法したのが「観無量寿経《かんむりょうじゅきょう》」と言われています。この時、釈尊が説法したのは次のような内容でした。

「あなたは今、息子に幽閉されているけれど息子を恨んではならない。インドから見て西の地域に、アミーと言われる偉大な方がおられる浄土があります。やがて貴女も、この世を去らなければならない。今、幽閉という厳しい環境の中にあっても子供の罪を許し、心の執着を捨て心のわだかまりを捨てるならば、あなたはアミーという悟られた方のおられる浄土に、帰ることができるのです」

これが、インドから見て西方におられる「阿弥＝アミー」という「陀仏＝ダーボー（偉大な方）」の教えに従うという意味の「南無＝ナーモー（帰依）」します、という語源になっているというのです。このアミー・ダーボー・ナーモーですが、言葉の順序が入れ替わって、ナーモー・アミー・ダーボーとなり、日本に入ってナム・アミ・ダブツつまり南無阿弥陀仏となったわけです。

インドから見て西といえば、イスラエル地方です。イエス様も『ヨハネの福音書』第８章58節で転生のことに触れていますが、かつて大西洋上にあったアトランティス大陸でアガシャー大王として生まれたことになっています。その時の幼少時の名前がアモンであり、またアガシャー大王が殺されて、エジプトに逃れた息子の名前もアモンと呼ばれていたそうです。

当時のエジプト人から見ると、飛行船から降りてきたアトランティス人は神のように見えたというイグネイシャス・ドネリーの伝説などがあります。アトランティス人がエジプト人に様々な文化や技術を伝えたそうですが、信次先生のお話で信憑性が出てきました。そして、このアモンに対する信仰が、ギリシャでアーメンに代わり、インドに伝わった時はアミー（阿弥）となったそうです。つまり「南無阿弥陀仏」の意味を直訳すると「イエス様に帰依します」「イエス様の教えに従います」ということになります。

２５００年前の釈尊がイエス様の存在をご存知で、西方に浄土があるという浄土教の元になる教えを説いていたというのです。この話を仏教徒やキリスト教徒が聞いたら、騒動が起こりそうです。ただ私は、密かに感動していました。やはり天国では、釈尊もイエス様も皆、友達だったのだと。

それは、前々から疑問に思っていたことでした。もし、釈尊とイエス様が同じ時代に生まれて、どこかで出会ったらどうなるのだろうと。おそらく2人は感激し、握手し〝法〟について語り合ったのではないかと。愛と悟りの統合について会話が弾むのではないかと想像してしまいます。

それと、もう一つ特別な話を披露したいと思います。

モーセ様に啓示を与えたエホバ（ヤハウェ）の神、イエス様に啓示を与えたエホバの神、並びにマホメット様に啓示を与えたアラーの神は、御三体とも高橋信次先生の本体である「アール・エル・ランティ」だと言うのです。

モーセ様に十戒を与え、釈尊がバフラマンと認識し、イエス様が父と呼び、マホメット様に啓示を与えたのは、今から３億６０００年前、他の星から地球人の先祖を円盤で連れて来られたアール・エル・ランティ・高橋信次先生なのです。

これは信仰者といえどもとても承服できることではないと思いますが、あえて書いたのは、今後の世界の宗教統一への希望からです。世界がグローバルになりつつある現在、宗教がローカルで争いをしています。そのために、平和になれないと思います。そうであればなおさらのこと、このような斬新な教えが、今後の研究対象として存在してもよいのではないでしょうか。

私は当初、信次先生の講演会を聞き、霊道現象を目の当たりにした時は、あまりの衝撃で起きている事象のメカニズムが理解できませんでした。もともと、宗教や信仰には懐疑的だったので、科学的態度というスタンスをとっていたからです。ただ、私は多少霊的体験があったので分析しながら見ることができましたが、初めて見る方はおそらく「やらせ」か「芝居」にしか見えなかったと思います。守護霊と言われる方が何千年も前の過去世の言葉を語ったり、悪霊や憑依霊《ひょういれい》が本人の口を通して語ったり暴れたりする現象を見て、心底から驚愕《きょうがく》したものです。本来は見えない「霊の世界」を見せて頂き、今から2000年以上前の釈尊やイエス様の時代も、このような現象により、人々は信仰を深めたのであろうと推察できました。

1976年（昭和51年）頃、会員はまだ1万人ほどでしたが、潜在的には100万人くらいの方が信次先生をご存知であったと思います。というのも、1971年（昭和46年）3月に『桂小金治アフタヌーンショー』というテレビ番組に信次先生が出演し、大反響があったからです。台本では、八代英太氏はあの世を信じない側という設定でしたが、番組がスタートする前の信次先生との会話で、あの世を信じる側に回ってしまうというハプニングがあったそうです。

信次先生亡き後、私も霊道開発を目標に反省修行をしていたのですが、霊道は開きませんでした。そうこうしているうちに結婚してしまい、修行どころではなくなってしまいました。そこで感じたのは「在家修行」における霊道開発の難しさでした。

3　高橋信次先生の教えの問題点

当時、約３００人の方が霊道を開きました。それ以外の方は私も含めて、霊道を開きたいと執着する「霊道病」に陥《おちい》っていました。また霊道が開けたことによって、狂っていった方も相当ありました。そこで、信次先生の教えの問題点を整理したいと思います。

①仏教系の反省（八正道）が主体であったために、出家に憧れる傾向になり、一般で仕事を持っている人たちは萎縮型人生に傾きやすかった。

②反省により、法雨という涙で心の汚れが洗い流されるという部分が強調され、とにかく泣く方が多かった。また反省・瞑想の禅定に１週間は必要という暗黙のルールがあったため、時間が作れないと本格的な反省・瞑想はできないという思い込みがあった。

③正しさの基準が「片寄らない」「中道」という抽象的な概念であり、理論的な物差しがあるわけでなく「何に対して」「どの程度」という部分で、反省が堂々巡

りになりやすかった。

④「生長の家」(万教帰一を唱えた新宗教団体)の総裁であった谷口雅春先生の光明思想を我慢の教えだとして一部否定したため、発展という教えが弱くなり、反省の欠点である消極性を解消することが難しくなった。

⑤また自力本願肯定、他力本願否定の立場から、他力の中に潜む「愛の教え」にまで踏み込めなかった(信次先生は、自我による自力と、正法に沿った「調和の絶対自力」に分けておられましたが、他力はやや方便という立場でした)。

⑥人類の発祥を、3億6千年前のベーター星からの移住であると発表し、その責任者がアール・エル・ランティであると明かされた。しかし、それ以前からの地球神霊である釈尊やイエス様やモーセ様は、分霊ということになってしまい、その検証や整合性の追究が不可能となった。

⑦大宇宙を支配する大意識が、神という説明であったため、神を理解できると思わせたことにより、結果的には傲慢の原因になった。

⑧高橋信次先生一人の指導体制であったため、高弟の方はおられたが「講師養成システム」が構築されないまま全国展開が始まり、信次先生の急逝《きゅうせい》により体制が一気に崩れた。書籍がカリキュラム用のテキストではなかったため、若き後継者と

の集団指導体制も崩れ、体制維持が続かなかった。

その後、時間がかかりましたが、これらを解決されたのが大川隆法氏でした。まずは善川三朗著『日蓮聖人の霊言』から始まった〝霊言シリーズ〟が発刊されました。その後、センセーションが起き『高橋信次霊言集』が出版され、さらに、神理の書三部作等に教えが発展し「幸福の科学」という宗教団体が成長していきました。

要点は、反省の基準である「中道」自体が、進化・発展していく、つまり正しさは発展していくという驚異の論理です。確かに人には個人差があり、正しさは一律でありません。また自分自身にも成長という変化があり、自《おの》ずと中道という基準も変化します。中道という基準自体が進化し、正しさが発展し、そのため、人によって正しさは違うという目から鱗の教えです。

また、自力と他力の問題も包括的に解決しました。人生、いつも調子が良いとは限りません。調子が良い時は自力ですが、調子が悪い時は他力にすがるということもあるでしょう。また他力本願の中には、大いなる愛と慈悲の力が潜んでいることも、見逃せないものがあります。自力肯定・他力否定から、自力・他力、両方ありという教えになりました。

一番の特徴は〝宇宙規模の創世記〟を説明されたことです。地球の創世記でなく、宇宙の創世記が発表されたのは、おそらく人類史上初めてだと思います。また、万物創造の根源神が何次元にいるのか分からないとしたことで、これまで神を分かったとする人間の傲慢性に歯止めをかけたことです。その他、数人しかおられないと思っていた「地球の救世主」の存在が、実は10人の救世主が存在することを明らかにしたことです。さらに神の光線を7色に分けて、それぞれの役割・担当を発表し、地球上の全ての教えを統合する天上界の大いなる計画とともに、地球神の根元のお考えにまで迫れることを明らかにしました。このことは、旧来の仏教とかキリスト教とかイスラム教とかのレベルではなく、新たなる〝地球教〟の始まりを告げました。

しかしながら、この新しい流れは最初の段階で試練というか、大きな躓《つま》きを経験したと思います。一番の問題は、高橋信次先生を邪霊認定したことです。このことによって、スタートの教えを訂正する必要が出てきました。また、この矛盾を解消するためには、書籍の改竄《かいざん》なども仕方のなかったことだと思います。しかし、やがて大きな弊害が出てきました。その証拠に、初期の会員や実力会員が、愛と慈悲の解釈に矛盾を感じ次々と辞め、指導力が低下したことと、高級霊界からの通信が少なくなり〝法〟自体の探究にブレーキがかかったと思われることです。今後の大川氏には、当初の十次元神霊につながる法の構築に期待しております。

今振り返ってみると、高橋信次先生の説かれた「正法」は、その根本である「心」の教えに関しては何ら問題のないものであり、むしろ今でも著書や著作物、録画ビデオなどから、充分に愛と慈悲の「心」を感じることができます。信次先生の言葉を借りれば、宗教とは「心の発見」であり、「心の指針」であり、「心眼を開く」ことであり、そのために「心の原点」を学ぶことであると言えます。

ここで取り上げた問題点は、一人の傑出した天才に、一般の我々が付いて行けなかったということであり、信次先生がもう少し長く生きていたなら、全て解消されたであろうと思います。いつの時代でも、救世主の方は「法」を説かれ、その後、菩薩の方々が解説していくのが役割です。なので、この問題は残された弟子たちの問題であると言えます。

コラム① 霊道の危険性

高橋信次先生の奇蹟の筆頭は、一般人が霊道を開いたことです。そして過去世の言葉を語ったり、守護霊という方が語ったりしました。問題はその後です。信次先生御存命中でも、狂った方が何人かいました。どう狂ったかというと、ミニ教祖になったり、占いに走ったり、他力信仰に戻ったりしたのですが、言うことが支離滅裂なので会話しても普通の対話ができず、心の中で「これは駄目だな」と早々に逃げたくなります。信次先生亡き後は、ほとんどの霊道者がおかしくなっていきました。守護霊と交信しているはずなのになぜ狂うのか、その原因を探究し、ようやく原因が分かりました。

一つは、地上から守護霊のいる天国までは、もともと距離があり、中間の不浄霊の影響を受けやすいということです。この地上は三次元です。天国は五次元以上です。つまり三次元世界のすぐ隣は四次元幽界で、この地上に最も近い四次元下層の地獄霊や不浄霊の影響を受けやすいのです。霊道を開いた直後は、守護霊や諸天善神の結界で守られ、また指導霊の導きがありますから悪霊の影響は少ないのですが、だんだん慣れてきて謙虚さがなくなってくると、地獄霊の影響を受けてきます。そうなると、そのうち悪霊に憑依《ひょうい》されます。しかも憑依されていることに本人は絶対気づけません。というのは感覚も日常生活も、蚊に刺されて血を吸われていても最初は分からないのと同じで、本人にはいつも通りだからです。ただ周囲は分かります。雰囲気が変わったり、言動がおかしくなっています。

これは霊能者が誰でも受ける洗礼です。例えばイエス様も、バプテスマのヨハネの洗礼を受けて霊道が開けた後、荒野で誘惑を受けています。もしこの誘惑に負けると、憑依されてしまいます。不動心と不退転の自己確立が、日々大事なのです。釈尊もそうでした。悟りの前には、美女や魔王が出てきました。これも不動心と不退転の試練だったのです。イエス様も釈尊も、修行は日々のものだと自戒していました。一瞬の油断が命取りになることを、自覚していました。

もう一つの理由として、守護霊は便利屋ではないということです。人間は自らの意思で主体的に生きていかねばならないのです。絶えずお伺いを立てて、守護霊の言う通りに人生を生きるということはないのです。占いのように守護霊に相談しているうちに、低級霊とすり替わっていたのです。このすり替わりは、素人には分かりません。

そういう意味では、釈尊もイエス様もプロでした。しかし、信次先生時代の霊道者は素人だったのです。だから信次先生亡き後、簡単に憑依されて狂っていったのです。信次先生は「宗教にプロもアマもない」と言われました。確かにそうですが、霊能力にはプロとアマはあります。霊道は、プロの領域だという自覚が必要です。

第3章　仏教の考察

1　仏教の問題点

仏教は、インドから中国に渡り、日本に伝わって来ました。その間、元の意味とは変わった部分があります。

例えば線香です。当時の修行者は、虫除けのために薬草を体に塗っていました。この薬草の臭い消しのために、香を焚く習慣がありました。これが線香の由来です。

また、当時の釈尊の説法は日が暮れてから行われました。日中は暑かったし、人々は働いているからです。電灯などありませんから、夜の説法を聞くため、人々は自らが灯《あかり》を持って来ました。これが、ローソクの起源です。

また、説法を予告するために、弟子たちは鐘を鳴らして人々に宣伝しました。これが、現在のドラやおリンなどです。

木魚というのは、精舎で暮らす修行者たちのご飯の合図であり、また眠気防止に叩いていました。

戒名というのは、釈尊当時はありませんでした。弟子たちの中に同名が多かったので、名前を変えたのです。例えば、智慧第一と言われた舎利弗《しゃりほつ》は、元の名前はウパティッサと言い、釈尊からシャーリプトラ（舎利弗）という名前に改名してもらったのです。これが戒名の始めです。キリスト教徒が洗礼の時に付けるクリスチャン・ネームのようなものが、本来の戒名です。

またお盆の由来も、釈尊の弟子である目連尊者《もくれんそんじゃ》が、自分の亡くなった母親を供養する話から来ています。目連尊者が他の人々に、一年の中で日を決めて布施行をする姿を亡くなった母親に見せるというものです。つまりお盆とは、先祖供養のために、子孫が周りの人々に布施行をする期間を言います。

このように、仏教の本来の有り様《よう》が、インドから中国に伝わり、中国から日本に伝わった時点で、様変《さまが》わりしたことが多いということです。

日本では、仏教と言えば葬式です。でも本来は、仏教は人生の生き方、人生の意味を教えるためにスタートしたものです。死者を弔《とむら》うためにスタートしたのではありません。

ここでもう一度、釈尊の悟りに戻りたいと思います。釈尊は王子で、何不自由なく優雅な生活を送っていたのに、なぜ、出家してまで悟りを求めたのでしょう。釈尊は月に1回ほど、バラモンの僧侶などを招いて、宗教講義を聞いているうちに、大きな疑問が出てくるキッカケがありました。いわゆる「生老病死」です。城の中の優雅な生活と、城の外の人生の現実です。釈尊の母も早くに亡くなられたという理由もあって、釈尊はバラモンの僧侶たちが述べる宗教講義が実際はどうなのかという、強い探究衝動を持っていたという背景がありました。そして救世主・釈尊です。魂の生地に人類救済の使命が刻印されていますが、出家まで決意した理由は、次の3つの疑問の追究です。

①釈尊は、霊的体質でした。自分の霊的感覚や、身の周りに起こる霊的現象の、本当の意味を知りたいとする心の疼《うず》きが強かったのです。

②学んできたバラモンの教えだけでは納得できず、僧侶たちがやっている修行の本当の意味を体感したかったのです。つまり「梵我一如《ぼんがいちにょ》」を実体験したかったのです。梵とは宇宙を支配する原理（ブラフマン）であり、我とは個人を支配する原理（アートマン）であり、これが同一になることにより悟りを開けるという教え

を、実体験したかったのです。

③釈尊の心の中には、救世の熱意が疼いていたのです。「生老病死」に対する疑問というよりは、辛い生活をしている衆生に対して、魂の奥底に湧き上がる使命感のようなものを感じていたのです。

だから釈尊は、6年間の難行苦行《なんぎょうくぎょう》に耐えて、疑問追究を続けました。しかし、その6年間の苦行では悟れなかったのです。悟りは、6年目を過ぎた後に、些細《ささい》な出来事で一気に進行しました。

たまたま川で体を浄めていた釈尊が、聞こえてくる村娘の歌う歌詞に「ハッ」としました。

「弦の音は、強く締めれば糸は切れ、弱くても音色が悪い。弦の音は、中ほどに締めて音色が良い。音に合わせて歌えや歌え、歌に合わせて踊れや踊れ」

当時の歌ですが、釈尊は「ンッ」と思いました。

自分の修行は、確かに極端すぎたかもしれない。今の自分自身は骨と皮だけで、まるで生ける屍《しかばね》のようだ。これは「中ほど」を超えていると思ったのです。そこで釈尊は「中ほど」というのは、自分の修行に大きなヒントになるはずだと思い、歌の文句を反復しました。その結果「分かった。6年の苦行の意味が分かった。ああ、やっと分かった」と、遂に悟りの突破口を開いたのです。そして、村娘に感謝の意を表すために会いに行くわけです。

釈尊「良い歌を聞かせてくれて有り難う」
村娘「しぼりたての牛乳です。一口いかがですか」
釈尊「有り難う。よかったら、あなたの名を聞かせて下さい」
村娘「はい。チュダリヤ・チュダータと申します」
釈尊「お歳は」
村娘「17歳です」
「！」（釈尊の足下にひれ伏して）
村娘「修行者様は偉大なお方です。どうぞお許し下さい」
釈尊「チュダータよ、心配しなくてよい。私は、ゴーダマ・シッタルダーという修行者だ。心配はいらぬ。さあ手を上げなさい」
村娘（合掌して）「ゴーダマ様は光って見えます。梵天様のようです」
（『人間釈迦 1』より抜粋）

この出会いが、一気に釈尊を悟りに導いていったのです。

村娘の健康的な美しさ、頂いたミルク粥《がゆ》の美味しさ。何も修行などしていない村娘が健康で美しく、修行者が禁じられている食べ物も、滋養に満ちていて美味しい。それに比べて修行に明け暮れた自分は、この村娘より醜《みにく》くなっている。また周りの自然を見ると、実に美しいではないか。村娘は、この私を〈見て〉修行者だと〈思い〉、粥を頂くように自然に〈語って〉くれた。自然の美しさは極端の中にあるのではなく、先ほどの歌にある〝中ほど〟という「自然体」にあり、しかも健康で有用に満ち溢れている。私は今の肉体行を捨てて、人生の真意、生きる意味、苦の原因、自然界の意味をもう一度考えてみたい。

このように、釈尊は肉体行の修行から一気に考えが前進したのです。

修行者だから一から十まで、全て自分でやるというこだわりを持っていました。しかし、中ほどで良いと悟ってからはそのこだわりを捨て、布施で賄《まかな》えるものは感謝して頂き、もう一度衰えてしまった体力を回復し、中ほどの本当の意味、村娘の健康的な美しさ、ミルク粥の美味しさと人生が、どのような関係になっているのか考えたいと決意したのです。

自分は、歌を〈聞いて〉中ほどで良いのだと〈思い〉、感謝のために会いに〈行った〉。村娘を〈見て〉、修行もしていないのに健康で美しいと〈思い〉、ミルク粥を飲んで滋味で美味しいと〈思い〉、普通の生活や自然には何か意味があると〈思い〉、中ほどの意味、人生の意味をもう一度徹底して考えたいと〈思い〉、感謝の念で村娘に有り難うと〈言った〉。仲間の5人の修行者は、私がミルク粥を飲んだのを〈見て〉、「ゴーダマは堕落した」と〈思い〉、「あなたは修行を捨てた。あなたは意志が弱い。私たちは別の修行場に行きます」と〈言った〉。

この見る（聞く）／思う／語る（行動する）ということの結果が、人生の幸不幸の大きな要因になっているのではないか。ここが、正しいか正しくないかで、結果に大きな違いが出るのではないか。そして、それらの正しいという基準が「中ほど」という極端に偏《かたよ》らない立場のことを言うのではないか。ここを見極めることが、「苦とは何か」「人生とは何か」の解決のヒントになるはずだ。〝ヒントが分かった〟という思いが、釈尊の心を平穏にしたわけです。

この「平穏」が悟りへの出発点です。もともと霊的体質の釈尊です。中ほどでよい、食べれるものは感謝して食べて、体力を回復してよいと悟り、人生の苦悩は見る、聞く、思う、語るの基準が正しさを外れたことから起こるということを悟った結果（人生の悟り）、心が平穏になり一気に霊的覚醒（彼岸の悟り）が起きたのです。つまり、天上界からの啓示の降臨が始まったのです。

また「これで悟れなければもう死んでもよい」という生死を超えた心境により、霊視能力も一部現れました（阿羅漢の悟り）。天国が見える時と見えない時の差は、心が平穏な時か揺れた時の差だということも分かりました。

そして、媚《こび》を売る女性が霊現象として現れるという体験を通し「過去の心の執着」も問題になっていることに気づき、ここで過去の想念の浄化、つまり「反省」とその方法論である「八正道」という修法を編み出したのです。しかも、釈尊が過去の反省をしている時、悪霊が神を名乗って出てきたのですが、釈尊に見破られ「その反省行をやめてくれないか」と懇願したのです。

これで釈尊も、この反省行でよいのだと確信し、ついに反省行7日目の朝、意識が大宇宙大にまで拡大する「宇宙即我」の悟りに到達しました。悟ったということは、生きながらにして「あの世」も「この世」も自由自在に行けるということです。宇宙即我を体験した釈尊は、死にたいと思ったわけではなく、このまま「あの世」に還りたいと思いました。

人々に、宇宙即我の体験や境地、その方法論を語っても、とても信じてもらえないと思ったからです。それを諭《さと》したのが梵天《ぼんてん》でした（この時の梵天はイエス様だと言われています）。釈尊の使命を、伝えてきたのです。梵天の要請《ようせい》は、こうでした。

①人々に生きる意味を教えてほしい
②人々の苦しみを救ってほしい
③悟りへの方法論を広めてほしい

つまり仏教のスタートは、生きている人間に対して、生きることの意味、苦しみからの解放の仕方、悟りへの誘いというのが本来の教えだったのです。原始仏教も小乗も大乗もありません。釈尊が45年間にわたって説いた教えの基本はここです。死者の成仏や、先祖供養が目的でスタートしたのではないのです。驚天動地の体験を無学文盲の人々でも理解できるように、喩《たと》え話を駆使して教えていったのです。

だから、現在の仏教の一番の問題点は、生きている人間に対して「真の法」を説いていないことです。いつの間にか葬式仏教が主流になって、しかも「あの世」があるのかないのか分からない、霊が成仏したのかどうかも分からない形式的な行事になっていることです。

2番目の問題点は、釈尊が村娘と出会い「心の修行」「反省の修法」に気づき、悟りを開くまでの経緯と「悟りが何か」が伝わっていないことです。

3番目の問題として、阿羅漢の僧侶がほとんどいないことです。釈尊には当時、約5000人の弟子がいて、その中で500人ほどが阿羅漢になったと言われています。そして布教もしていました。それでも修行は、自己確立に主眼がありました。だから釈尊滅後は、自己確立に基本を置く小乗と、布教に主眼を置く大乗に分裂したのです。

それから2500年経ちました。今は末法の時代です。徐々に地獄領域が拡大しています。これに歯止めをかけるには、阿羅漢の僧侶に死者を成仏してもらうことです。そのために、あの世や霊の見える阿羅漢のお坊さんが必要です。しかし日本の多くの僧侶は、職業坊さんです。今こそ阿羅漢の僧侶が、待ち望まれています。

2　今後の仏教

本来の仏教は、生きている人間に対して、生きる意味、人生苦からの救い、悟りへの方法などを説くことです。しかしながら、永い年月の流れの中で現在は、形式的な死者の成仏と先祖供養が目的になっています。ただ、２５００年前と現代では時代環境が大きく違っています。社会が複雑化し、四苦八苦のような基本的「苦」の他にも、様々な苦が存在しています。また、不成仏霊による地獄領域も拡大しています。

さらに、今の時代は簡単に出家で修行できる環境でもなく、例えば僧侶の家に生まれても、規定の学習コースに沿って修行するプログラムであり、職業として仏教を学んできます。心の内面の修行として「発露《はつろ》」や「疼《うず》き」「疑問」を直視することは難しいと思います。また、長年やってきた経営基盤となっている葬式仏教を、そう簡単に崩すわけにもいきません。そこで、仏教改革を考えてみたいと思います。

これからの仏教を、葬式仏教と教会仏教に分けます。

葬式仏教は、従来の檀家制度で成り立っている先祖供養や、葬式を中心とした仕事をします。その他、写経や座禅教室、修行体験などがあります。

教会仏教は、阿羅漢僧侶によるキリスト教の教会形式で、仏教本来の仕事をします。仏教本来の仕事とは、生きている人間に「法」を説くことです。つまり人々に、仏教の教えを説き、苦しみから救ってあげることです。これは、キリスト教の日曜礼拝を参考にすればよいと思います。キリスト教では、日曜日には人々が集まってきて、イエス様に祈りを捧げます。その他、聖書の講義、信者さんの懺悔《ざんげ》、問題解決の祈りなどもしています。是非、僧侶の方にも日曜礼拝に行って、進行の流れを参考にしてほしいと思います。また教会仏教の仕事として大きいのが、死者の成仏です。これには阿羅漢の能力が必要です。実際、死者が成仏していないため、知られていない様々な障害が起きています。

その他、教会仏教には、法の講義、瞑想教室、人生相談や霊障解決など阿羅漢ならではの活動が沢山あります。経営は、布施の他に、教室や相談の料金体系を設定すればよいと思います。また、死者の成仏は、時間も体力も必要なので、それなりの料金体系に設定する必要があります。

法の講義ですが、仏教には3000ほどの経文があるのですから「法」を易しく語ることは可能です。信次先生も、般若波羅密多心経を分かりやすく和訳しています。ただこれは悟りと関係します。高橋信次先生が「悟りとは何か」ということを明確に説かれています。また素人の私でさえ、初期の悟りである彼岸《ひがん》の覚醒《かくせい》までは体験しています。であれば、プロの僧侶の総力を結集して、阿羅漢《アラハン》の境地まで行ける僧侶育成をすべきです。この世に未練があるならば、阿羅漢にはなれません。体育系や学者系・芸術系でも、阿羅漢にはなれません。「愛と慈悲の心」を知り「幼子のような心」を持った「癒し系」の方が、阿羅漢になれます（私の意見です）。完全に職業上のプロの意識に徹して、阿羅漢へ挑戦してほしいと思います。また、そのような修行コースを設定してほしいと思います。

そして、「誰もあの世に行って帰って来た人はいない」という定説を覆《くつがえ》してほしいと思います。「あの世」にも「この世」にも自由自在に行けるから、死者も成仏できるし先祖も供養できるのです。また霊障や霊的病気も、霊的能力があってこそ本当に解決できます。

人生の意味については、今も昔も変わりません。当初の釈尊が、インドの無学文盲《むがくもんもう》の一般衆生《しゅじょう》に、喩え話で分かりやすく真理を説いていたのです。その内容がいつしか知と意で変わり、難しいお経になりました。そして、中国で難しい漢文になってしまっただけなのです。だからまた、易しく説けばよいのです。問題は、現在の複雑な環境で発生する人生苦からの救いです。価値観や人生観が多様化し、当事者でないと理解できない苦や、制度上の問題、未知の疾病《しっぺい》などがあります。昔は無視されたマイノリティ（少数）も、尊重される時代になっていますので、全ての人が何らかの問題を抱えています。

では悩みや問題が多様化する中、これからの仏教はどの方向に進むのでしょうか。

やはり、真実は頑固なものです。「あの世」があり、幽霊がいるからおると言っています。であれば、将来、仏教は教育の中に入ったり、政治の中に入ったり、医学の中に入って構わないわけです。というより、本来、地上ユートピア建設のために宗教があるのです。仏教は、いつの時代も「本来の悟り」（阿羅漢）「本物の悟り」（菩薩）が求められています。

コラム②　今後のお墓

人が死ぬと、その処置は大きく火葬か土葬になります。

地面が豊富な土地なら土葬ですが、狭い場所では火葬になります。日本では現在、墓地用の造成場所が少なくなってきました。これからもこの問題は、頭を悩ますことになるでしょう。なぜなら核家族化し、分家して墓地が増えると間に合わなくなるからです。

そもそも、お墓は何のために要るのでしょう。本人は死後、成仏できない場合を除いてお墓にはいません。あの世の、元いた場所に帰っています。では何のためにお墓が要るのでしょう。それは、思い出を共有する場所としてです。では、思い出を共有するのに、各家庭に1つお墓が必要でしょうか。恐れ多い話ですが、各家庭には位牌か写真と、その設置場所が1つか2つあればよく、納骨に関しては各市町村に1つ、共同納骨塔があればよいはずです。これで墓地造成の悩みから解消されます。

では実際はどうでしょうか。同じ宗派でも同じ場所には入りたくないとか、夫婦でも同じ骨壺に入りたくないとかの声が聞こえてきます。まして宗教が違えば、同じ場所に納骨されるのは絶対嫌だという声が聞こえてきます。

そこで提案します。これからは全て火葬にします。しかもその火葬では、徹底して焼いて灰にします。つまり何も残しません。これで納骨堂が不要になります。そして火葬証明書を貰います。この火葬証明書を役所に持っていって死者登録をしてもらい、役所の死者ＩＤとパスワードを貰います。これで、いつでも自宅のパソコンで好きな先祖供養ソフトで、お墓詣りもできれば、同じ宗派の方々に葬式もやってもらえます。登録は役所のパソコンでも、展開は好きなソフトであれば、信仰上の問題は解決すると思います。

ただこれは、不成仏霊対策を講じてからでないと実行できません。というのは仏壇や墓がないと、不成仏霊は、位牌や形見あるいは家族の誰かに取り憑きます。つまり残された家族が影響を受けます。これを防ぐためには、不成仏霊をお坊さんに成仏してもらうか、または不成仏霊を慰霊塔に待機してもらう等のシステムが必要です。この対策は難しいと思いますが、今まで野放しであった地獄拡大に対して、地獄解消の大きな改革になると思います。僧侶の皆様には、頑張ってほしいと思います。

風詠社の本をお買い求めいただき誠にありがとうございます。
この愛読者カードは小社出版の企画等に役立たせていただきます。

本書についてのご意見、ご感想をお聞かせください。

①内容について

②カバー、タイトル、帯について

弊社、及び弊社刊行物に対するご意見、ご感想をお聞かせください。

最近読んでおもしろかった本やこれから読んでみたい本をお教えください。

ご購読雑誌（複数可）	ご購読新聞
	新聞

ご協力ありがとうございました。

※お客様の個人情報は、小社からの連絡のみに使用します。社外に提供することは一切ありません。

郵便はがき

金受取人払郵便

大阪北局
承認

2424

差出有効期間
2021年12月
1日まで
(切手不要)

553-8790

018

大阪市福島区海老江5-2-2-710

㈱風詠社

愛読者カード係 行

りがな お名前			明治　大正 昭和　平成　　年生　　歳	
りがな ご住所	□□□-□□□□			性別 男・女
お電話 番号		ご職業		
E-mail				
書名				
お買上 書店	都道府県　　市区郡	書店名	書店	
		ご購入日	年　月　日	

本書をお買い求めになった動機は？
1. 書店店頭で見て　2. インターネット書店で見て
3. 知人にすすめられて　4. ホームページを見て
5. 広告、記事（新聞、雑誌、ポスター等）を見て（新聞、雑誌名　　　　）

第4章　キリスト教の考察

1　キリスト教の問題点

キリスト教の問題点は、法の骨格が弱いことだと思います。これは、イエス様の伝道期間が短かったことに原因があります。そのため、教義自体にいくつかの問題があります。

(1) イエス様だけが、神の一人子《ひとりご》ではない

これは大変な問題でして、これを言うとキリスト教徒の方からは非難が集中すると思いますが、考察してみます。

一神教としてユダヤ教、キリスト教、イスラム教があります。ユダヤ教ではヤハウェ（エホバ）が神です。キリスト教では、三位一体でイエス様が神です。イスラム

教ではアッラーが神です。この中で最も歴史の古いのが旧約聖書の神ヤハウェですが、さらに古い歴史の神として名高いのはギリシャのゼウス神です。

まず、神とは何かです。受験の神もいれば、安産の神もおりますが、例えば日本のように、一つの国を治めている神がおります。また地球を支配している神がおり、太陽を支配している神もいれば、太陽系を統括している神もおり、小宇宙を司っている神もいれば、大宇宙を支配している神もおり、さらに並行宇宙まで支配している神もおられるということです。

ということは、人格神（人間性を持つ神）が宇宙根源神ではありません。パラレル（並行宇宙）に存在するその他の大宇宙も含む、全宇宙（全存在）を統括する大宇宙根源神が、いったい何次元におられるのか救世主でも分からないと言っておられます。そうだと思います。次元を創られている神が、次元の中に居るとは思われません。

そこで地球上に話を絞って言えば、やはり地球での神と言えば、太陽の意識である太陽神霊です。その太陽神霊の意を受けて、地球を統括しておられるのが、三体の十次元神霊意識（大日意識、地球意識、月意識）です。もちろん人間ではありません。

人間として登場するのが、九次元神霊つまり救世主で、地球上には10人の救世主が存在されていることになっています。古くは、古代ギリシャのゼウス神です。その他、十戒の啓示を受けたモーセ様。インドの釈尊。イスラエルのイエス様。中国の孔子様などが地球上の直接の神の子として存在しています（我々人間も神の子ですが、厳密には神の子の子なので孫に相当すると思います）。

という意味で、イエス様のみを神の一人子とする教義では、これからも他《ほか》の救世主の説かれる宗教との軋轢《あつれき》が消えないでしょう。ただこの問題は、我々一般人が解決できる問題でないので、もう一度イエス様に御生誕して頂き、解決してほしいと思います。

(2) 転生輪廻の説明不足と天国・地獄の描写不足

これもキリスト教徒からは、非難を受ける内容ですが、あえて書いてみます。この問題も、イエス様の伝道期間が３年という短い時間であったため、その制約はかなり受けたと思います。イエス様は、最後は信者の家から家へと、追っ手から逃《のが》れるような生活でした。このような環境では、釈尊のように精舎を構えての「法の構築」はできなかったと思います。だからキリスト教では、仏教のような転生輪廻を説けば、生まれ変われるなら悪いことをしてもよいといった間違った解釈をされる恐れがあったため、永遠の天国に行くか地獄に行くかという二者選択しかないようになっています。

また、天国や地獄の描写も仏教のように詳しくはありません。ただこの問題も今解決できるものでもなく、今後の研究を待ちたいと思います。

(3) 自己完成への方法論の不足

仏教は、悟りという自己確立つまり小乗《しょうじょう》があって、それから衆生済度《しゅじょうさいど》という大乗《だいじょう》の考えが構築されています。確かに、自分が自己確立できていないのに、他を救うというのは難しいことです。でも自己完成を目指しつつ、他を救済する分野もあるわけです。そこが愛の愛たる所以《ゆえん》なのですが、限界もあります。愛に見合うだけの自分になりたいという願いも出てきます。やはり自己確立のための方法論、悟りの段階を一歩一歩上がっていく方法論がないと、愛と自分とのバランス（知力・人格力・体力・財力・霊力）が取れないし、究極の愛（神の愛）は分かりません。そういう意味で、八正道や六波羅蜜などの、自己修行の方法論が不足していることは否めません。

(4) 愛や許しは難しい

もちろん仏教でも悟りは難しいのですから、キリスト教でも愛は難しいと思います。イエス様は、最後の晩餐《ばんさん》で弟子たちの足を一人一人洗いました。愛とは何かを行為によって教えられたのだと思います。愛が足を洗うことだとしたら、難しいことではないはずです。では、なぜ愛が難しいのでしょうか。それは、愛には愛特有のエネルギーが必要だからです。

食事をして動きます。休憩して働きます。ガソリンを入れて車は動きます。普通は、エネルギー補給をしてからエネルギー放出をします。だから他人から何かをしてもらったら、お返しとして何かをしてあげるというのは難しくないのです。

でも、これを愛とは言いません。何もしてもらっていなくても、何かしてあげる。これを愛と言いますが、ではエネルギー補給なしのエネルギー放出は簡単でしょうか。ガス欠の車で走れというようなものです。ここに愛の難しさがあります。世界中の人間が、エネルギー補給としてのガソリン（愛）を欲しがっています。愛も愛を頂いたら、愛の行為ができそうな感じがします。でもそれを愛とは言いません。愛はやはり無償であり、無私なのです。

それと、右の頬を叩かれたら左の頬も出せるでしょうか。汝の敵を愛せるでしょうか。これができたら、戦争などありません。イエス様が亡くなって２０００年経っていますが、未だに愛や許しは難しい課題なのが人類の真の姿です。

では、イエス様の愛や許しのエネルギーは、どこから来ているのでしょうか。それは天の国から来ているのです。だから、仏教では悟りが難しいように、キリスト教では愛や許しが難しいのです。

(5) イエス様が磔《はりつけ》になったのは、人類の罪を贖《あがな》うためでなく、それこそが人類の罪である。

聖書では、アダムとイブが、善悪を知る知恵の木の実を食べたことが、原罪ということになっています。それ以来人間は、罪の子になっています。そして、その罪を贖うためにイエス様が磔になったことになっています。人類にとって都合の良いこの解釈は、見直すべき時が来ました。

冷静に考えて、神の子供であるアダムとイブが、禁断であったとしても、たかだか木の実を食べたくらいで、親である神が追放するまで怒りますか。あなたが親で、自分の子供が禁断の木の実を食べた場合、追放しますか。親としての反省も、あるのではないですか。それほど危険なものなら、厳重に管理するべきです。というか、隠しておくべきです。

ということは、原罪の解釈が違っています。確かに人類は、何がしかの罪を犯したと思います。ただ原罪とは、アダムとイブのような人類共通の罪ではなく、仏教的には個人が背負っている「業《カルマ》」（魂の傾向性）のようなものです。業とは個人が背負っているものであり、責任は個人にあります。個人の責任を、イエス様が贖うことはできません。

では、イエス様はなぜ磔になったのでしょうか。これこそ人類の罪です。救世主を、救世主と知らずに殺した人類の罪です。だから罪を贖うのはイエス様ではなくて、人類の方です。そして、人類の罪はまだ許されていません。人類はイエス様を殺しました。世界大戦もしました。核兵器も使いました。環境保護活動も頑張っていますが、片や地球環境を破壊しています。罪を重ねているのは人類です。やがて天罰が来るでしょう。でもそれは、イエス様のせいではありません。未だに悔い改めない人類のせいです。

そういう意味で人間はもともと神の子ですが、復活したとはいえ、イエス様を殺したことによって罪の子になっています。ではイエス様の許しを得るために、人類は何をしなければならないのでしょう。それは愛の教えを実践することです。

以上を整理すると、キリスト教は教義が未整理であり、その本意である愛の行為の実践も難しいということが問題です。

2　今後のキリスト教

小さなレストランに行って、お店の雰囲気は良く、料理は美味しいのに、女将《おかみ》さんやスタッフの態度が惜しいと思うことがよくあります。

そんな時、女将さんたちに「心の勉強をすれば、もっとお店は繁盛しますよ」と教えてあげたいのですが、短時間で言えるような適当なフレーズが見つからないので、その都度もどかしさを覚えて無言で帰ってきます。「正法」は「商法」でもあるのです。女将さんが正法を知っていると、お店はとても繁盛します。法を知らなくても、法に適《かな》っているだけで、商売はうまくいくものです。

では、悟りを求める女将さんと、愛の伝道者の女将さんでは、どちらに人気が出るでしょう。もちろん、どちらの女将さんも人気が出るでしょう。ただ、愛の伝道者たる女将さんの方が愛嬌はあると思います。キリスト教の強みは、ここです。柔和で明るく朗らかで、優しく親切な女将さんがいる店だったら、お客さんは頻繁《ひんぱん》に通うと思います。

仏教の心の内面の修行と違い、キリスト教は行動としての愛の体現です（キリスト教にも「心の清い人」を目指す修行はあります）。

愛していると言葉で言われるのも嬉しいですが、愛の行動や行為で示された方がより嬉しいものです。だから愛嬌のある女将さんやスタッフさんのいるお店だったら、頻繁に行きたいと思います。そういう意味で教会は、これからも癒《いや》しの場所として、懺悔《ざんげ》の場所として、存在し続けると思います。

ただキリスト教の問題として、教義としての未整理を挙げました。お叱《しか》りを覚悟の上で言えば、法理論ではキリスト教は仏教に敵《かな》いません。しかし「彼を知り、己を知れば百戦殆《あや》うからず」です。敵わないなら、最初から法論争をしなければよいのです。イエス様は、難しい教義は説いていません。山上の垂訓《すいくん》のような、誰にでも分かるようなお話をしておられます。だから教科書は聖書だけですが、あとはできるだけ分かりやすい解説書があればよいと思います。その他、イエス様が伝道を開始されるまでの期間が、聖書ではカットされていますので、霊界通信などのイエス様の伝記も参考になると思います（霊界通信はあくまで参考です）。問題は、愛の実践です。今後は「愛の事例集」と「愛とは呼べない事例集」を多く集めることだと思います。

例えば「愛の事例集」では、東洋のシンドラーと呼ばれた杉原千畝《すぎはらちうね》氏。有能な外交官であり愛国者ですが、第二次世界大戦中、ユダヤ人を救うために外務省の訓令を無視して命の大切さを思い、大量のビザを発行許可した方です。戦後、多くのユダヤ人から感謝されています。また日本人で唯一、中国に銅像が建てられた遠山《とおやま》正瑛《せいえい》さん。砂漠化した土地を、私財を投げ打って農地化した方です。その他ダンサーの和真《かずま》衣《い》香《か》さんは、松任谷由実グループや宇多田ヒカルさんのダンス指導をされた方です。ニューヨークでホームレスの老婆に出会い、イエス様の愛を実感して帰国後、札幌市内のホームレス48名にミュージカルダンスを教え、全員が社会復帰していくという人生体験をされた方です。

　映画『親分はイエス様』のモデルになった、シロアムキリスト教会の鈴《すず》木《き》啓之《ひろゆき》牧師。17歳でヤクザの世界に入り、17年間、欲望のままに人生を生きた結果が命を狙われ、死の恐怖を体験したことにより回心し、牧師として第二の人生をスタートした方です。元暴力団員らが、人生をやり直すための共同生活所「人生やり直し道場」の道場長です。その他にも、とても書き切れない数限りない、愛の事例集があります。有名でなくても、身近な範囲にも沢山あります。一つの小さな愛の事例でも、愛とは何かを雄弁に物語ります。

　それと「愛とは呼べない事例集」も大事です。意外と、この事例集が役に立ちます。本音と建前の「本音」の部分です。例えば、結婚して夫婦だけで暮らそうと思っていたのに、どちらかの家族と同居した場合です。いわゆる嫁姑《よめしゅうとめ》問題や肩身の狭い婿《むこ》入り問題が発生します。そうすると表面的には愛があるように振る舞っても、心の中では「早くいなくなってほしい」と思ったりします。

その他にも、親戚は増えたものの肌が合わない、生活習慣が違いすぎるなど、同じ人間同士なのにそこまで合わないのかと思います。最たるものが夫婦です。あんなに愛し合って結婚したのにと思います。あの愛はどこに行ったのでしょう。

その他、イジメや虐待《ぎゃくたい》までいかなくても距離を取られる、素っ気無い態度をされることが多々あります。している方は意外と分からないものです。それでもされた方は分かっています。

そういう意味で、愛とは呼べない事例集からも多くを学ぶことができます。これからは情報網を駆使して「愛の事例集」「愛でない事例集」を多く集め、そして共有し学ぶことが大切だと思います。

コラム③　愛の構成要素

愛は難しいテーマです。特に、一人でいるのが好きなタイプには、愛の波動を外に出すというのは難しいと思います。そこで考えました。どうしたら愛深い人間になれるのか。

愛を分析してみます。愛も、愛の発生があり、成長があり、実りがあると思います。愛の発生期にあるものは、沢山あります。例えば、優しさ、思いやり、許し、感謝、励まし、手伝い、笑顔、言葉がけ、ボランティアなど。

いきなり愛の行為はできなくても、優しさとか思いやりからはスタートできるのではないでしょうか。それと、全部許せなくても、少しだけなら許す努力ができるのではないでしょうか。そうすると愛の発生期は、対象の確認（誰か・何か）と少しのヤル気・動機、そして種まきが大事だと分かります。

では、身近な愛の種まきとは何でしょうか。ヒントが仏教にあります。六波羅蜜の一つである布施波羅蜜《ふせはらみつ》です。

布施波羅蜜とは施《ほどこ》しの完成のことを言い、物施・顔施・法施があります。物施とは、人に物をあげる行為です。顔施とは、和顔愛語のことであり、柔和な顔・笑顔と、優しい言葉を心がけることです。法施とは、「法」を教えてあげること。悩みに答えてあげることです。

愛を行為するには、勇気と知恵が必要です。その勇気と知恵が出てこない場合が多いです。その時には、祈りからスタートします。

仏教には、愛施という言葉はありません。

仏教では、愛は執着の代名詞のようになっています。というのは、心が外に向くことが苦しみの原因と捉《とら》えているからです。しかし、小乗（悟り）が確立してからは、一転して布施（愛）の修行が出てきます。その点、キリスト教では最初から愛の修行です。これは、気質にも関係します。内向的な東洋では悟りを求め、開放的な西洋では愛を表現しやすいのでしょう。であれば陽気な性格は、愛の構成要素の大きな一つと言えます。

第5章　仏教とキリスト教の比較

1　仏教とキリスト教の比較

仏教とキリスト教を表にして比較してみます。

	仏教	キリスト教
発祥地	インド	イスラエル
教祖	釈尊	イエス・キリスト
教祖の位	仏陀（神の境界）	神であり神の一人子
伝道期間	約45年間	約3年間
教えの骨子	慈悲（神の心）と悟り（霊的覚醒）	愛（神の行為）と許し（天使の愛）

修行	八正道（反省・瞑想） 六波羅蜜 自己確立	奉仕と祈り 信仰生活（神との対話） 聖霊に満たされる
基準	中道	清い心
目標	阿羅漢・菩薩	敵を愛し、自分を迫害する者のために祈る
制約	三宝帰依 戒律	衣食住に悩むな 明日のことまで悩むな 人を裁くな
服装	袈裟衣	修道服
集会場所	寺	教会
寺や教会に対するイメージ	静寂である 坐禅をしている 香のかおりがする 精進料理がある	ステンドグラスが明るい 神父さんの説教がある 歌が聞こえる カレーライス等の家庭料理が美味しい

長所	○約45年間にわたって教義が述べられたため、法としての完成度が高い。 ○修行の方法論が確立されている。	○当初から大衆の中に溶け込んでいたため、在家としてのスタイルが確立されている。 ○イエス様の復活により、死を厭《いと》わない強い信仰がある。
短所	○出家修行のため、在家での本格修行という方法までは確立できなかった。 ○修行にとって愛は執着と解釈された。 ○神と仏の違い、神の概念の説明が不足したために無神論に思われている。 ○悟りまでの科学的説明がないまま2500年経ち、阿羅漢へ到達できる僧侶が少なくなった。	○伝道期間が短かったため、法としての完成度はやや低い（転生輪廻の説明不足。天国と地獄の描写不足。悟りの理論の欠如。神の概念の説明不足）。 ○死を恐れない強い信仰心が逆に頑固な一面になっている。 ○一神教特有の、非信者に対する排他性、不寛容がある（これはキリスト教だけではない）。

全体のイメージ	静的 内向的 神秘的 理論では敵わない	動的 外交的 奇蹟的 信仰心が強い

大いなる御存在に対して、失礼を承知で私個人の感想を列記してみました。

おそらく仏教徒の方からは、仏教にはキリスト教的教えも修行も全部入っていると言われるだろうし、キリスト教徒の方からは、まだまだイエス様の教えの全貌を理解していないと言われると思います。お許し下さい。

ただ、この表から分かるように仏教とキリスト教は、お互いを補い合っているように思われます。静的で内向的な仏教と、動的で外交的なキリスト教は、まさしく「正法の両輪」と言えないでしょうか。そう考えると、やはり仏教とキリスト教の統合という可能性が見えてきます。また今現在の個々の宗教が、まだ発展途上にあるのだとも言えます。

2　仏教とキリスト教の教えの骨子

仏教とキリスト教の大きな違いの一つに、仏様と神様の違いがあります。仏様というと、人間として生まれて苦労して修行して、そして悟りを開かれて偉くなった方というイメージがあります。一方、神様は最初から偉い全知全能の方というイメージがあります。この違いが、教えや修行方法の違いに反映されていると思います。そこで、それぞれの教えの骨子を説明してみます。

(1) 仏教の悟りと慈悲

人はこの世に誕生すると、天国での生活や過去世のことは全て忘れてしまいます。というのは、この世で活動する表面意識と、あの世で活動する潜在意識は、想念帯という層で遮断《しゃだん》されているからです。だから、地上に生まれると「あの世」のことや「前世・過去世」のことは、思い出せないわけです。

中には、生まれつき想念帯の一部に穴が開いている場合、潜在意識が表面意識に流れ込み、小さい時に「神童」と呼ばれる場合があります。しかし、成長するにつれて心の汚れで穴が閉じると、普通の人間になってしまいます。釈尊は、この想念帯の浄化により、潜在意識との交流が可能になることを発見しました。これが悟りの基礎です。

瞑想とは、目を瞑《つむ》って想うと書きます。瞑想とは、目を瞑って（半眼にして）表面意識を遮断し、意識を潜在意識に向けて、心の奥に存在する守護霊との交流を図《はか》っていく修法です。さらには、あの世に自由に行ける境地である禅定三昧《ぜんじょうざんまい》に、精進する修法です。反省行も瞑想も、静寂な環境が必要です。これが、仏教が「静」という根拠です。

次に慈悲とは何でしょうか。慈悲を仏教辞典で調べると、「いつくしみ、憐《あわ》れむこと」「苦しみを取り除き、楽しみを与えること」と書いてあり、キリスト教辞典で調べると、「人を救い、人の罪を許すこと」と書いています。愛を仏教辞典で調べると「物を貪《むさぼ》り執着すること」と書いており、キリスト教辞典で調べると「神が人間を限りなくいつくしんでいること」と書いてあり、国語辞典には「いつくしみあう心、思いやりの心」と書いてあります。

では、慈悲と愛との違いは何でしょうか。高橋信次先生は「慈悲は神の心（縦の光）であり、愛は神の行為（横の光）である」と説きました。総合的に言うと慈悲とは、救済の方法論、悟りへの方法論、仏からの救い（神の奇蹟）のことを言います。

釈尊は悟りを開かれた後、転生輪廻から解脱しました。それでそのまま天上界に帰ろうとしたのです。これを止めて釈尊に「その悟りを求める者のところへ行って話しなさい」と教え諭したのが天上界の梵天です。ここが仏教の始まりであり、慈悲の原点です。難しい悟りではあるけれど、教えれば理解できる衆生もいるし、過去世の弟子たちもいます。まずはその弟子たちのところへ行って伝えなさいと。また多くの衆生は救いを求めているのだと……。この梵天の要請により、釈尊は悟りを伝道することを決意したわけです。この決意が慈悲の原点です。

慈悲とは悟りへの方法、苦しみからの解脱の方法、幸福への方法、自己確立への方法、これらの方法を教えてもらえることになったことと、釈尊を通して地上に神の光が照射したことにより、神様の奇蹟が出現したことです。釈尊が悟りを開かれた結果、仏教は教えとして開かれました。それ以降、後世の人々は仏法を教えてもらえるようになったわけです。この仏法と救いの方法、また、釈尊を通して地上に照射された神の光が、慈悲です。だからよく「お慈悲を下さい」というセリフがありますが、「愛を下さい」というのとはニュアンスが違います。「私が救われるための方法論があるなら、教えて下さい」「救われるための奇蹟をお示し下さい」という意味に近いのです。

つまり大いなる存在（神仏）からの奇蹟、智慧に満ちた救いの方法というのが慈悲です。

(2) キリスト教の愛と祈り

では、イエス様の愛とは何でしょうか。愛には、男女の愛や友人の愛、親子の愛、師弟の愛、社会の愛、国の愛、神の愛など様々あります。その他、次元別な愛もあります。

この地上界（三次元）のすぐ隣が四次元幽界で、精霊界とも言います。この世界はまだ地上感覚が強く、愛も本能の愛と呼ばれています。この愛は、特に修行の必要のない愛です。

この上が五次元霊界の世界で、別名善人界とも言います。ここからが天上界（天国）と呼ばれます。五次元善人界の愛は、隣人愛です。利害関係に関わらず、人生の途上で出会う人たちへの「与える愛」です。自らの意志によるボランティアの愛です。

さらに魂が進化すると、六次元神界に昇ります。指導者や優秀な方々の世界です。神理に目覚めた専門家の領域です。先生（知性）としての愛であり、教育者（理性）としての愛です。

この上に、七次元菩薩の「許す愛」（天使の愛）の世界があります。自己確立が終わり、衆生済度（全てを救う愛）の世界です。汝の敵を愛せれる世界です。

さらに八次元如来の愛があります。法（神の心）としての愛です。思想としての愛、文化としての愛です。

そして、人間の努力目標を超えた世界として、九次元救世主の神の愛（時代を超える愛）があります。

ではイエス様の説いた愛は、どの愛でしょうか。五次元隣人愛から九次元神の愛まで、幅広く説かれていることが分かります。イエス様ご自身の愛である神の愛は、何から学べばよいのでしょうか。それは、太陽から学べばよいと思います。そこで、太陽から学ぶ「神の愛の特徴」を挙げてみます。

①自分以外のためにエネルギーを使う。
②エネルギーは自分自身で作る。
③見返りを求めない。
④生涯続ける。

4点を挙げてみましたが、これに近いものは親の愛です。人間の愛の中で特に強いのは、男女の愛と親子の愛です。男女の愛は、恋愛関係にある時は強いのですが、破局を生じると崩れます。その点、親子の愛は持続性があります。子供が出来て初めて、親心というのが分かります。親としての愛は、神の愛に近いものがあります。では、人間と神とはどういう関係なのでしょうか。これは、魂の親と子の関係です。人間も他人には甘えられないけれど、自分の親なら甘えられます。また親も、我が子ゆえの可愛さというものがあります。

①親は子供のために働きます。
②親は子供の未来のために、頑張りが利《き》きます。
③親は子供のために、無償で働きます。
④親は死ぬまで親です。

これらのことから「**親の愛**（**神の愛**）は、**未来への希望のエネルギー**」ということが分かります。つまり、**愛には時間が内包**されています（その点、慈悲は瞬時の救いである奇蹟を内包していると言えます）。イエス様の説かれた愛は、まさに魂の親から子への愛、つまり神様からの愛、イエス様からの愛、これを存分に分かってほしかったのだと思います。

イエス様は、少年時代から天の父と対話していたという説があります。聖霊と対話できたイエス様は、天国や神様も身近に感じていたのでしょう。本来は目に見えない愛が、イエス様には視覚的な光として、実際に見えていたのだと思います。だから人々にも神様を、もっと身近に感じてほしい、また神様からの愛の光に、もっと気づいてほしいと願っていたと思います。そしてそれは、人間は神の子だから全員の権利だというのです。

だからこそ「許し」が必要です。私だけが神様に甘えて、他人は駄目だというわけにはいきません。人間全員、神の子です。人間は全員、甘えることを許されています。人間は全員、愛の光を共有できます。また、全員愛されています。そのたった一つの条件が「幼子のような心」です。

でも神との契約を説いた旧約聖書の教え（モーセの律法）が支配する地域で、契約よりも愛を優先し、心の純粋性と聖霊（神）の関係を説き、神の愛の前には敵味方なく万民は平等であることを説いたイエス様の教えは、相当な迫害にあったことは想像に難《かた》くありません。イエス様の説かれた愛の教えに気づく行為が祈りであり、聖霊

（守護霊・指導霊）とつながる行為が祈りであり、イエス様の愛を感じるのが祈りであり、イエス様との対話が祈りであり、イエス様の御技《みわざ》（慈悲）をなすのも祈りです。

人は病気をして看病された時、人の優しさに気づきます。順風満帆《じゅんぷうまんぱん》で順調な時は、なかなか人の優しさに気づけないものです。人は自分が苦しい時、逆境の時は、人の優しさに気づける時があります。祈りを捧げようと思う時、人は謙虚にならざるを得ません。祈りを捧げようとする時、人は肩の力を抜き、心の鎧《よろい》を下ろします。祈りを捧げようとしている時、すでに感謝の心が芽生えています。祈りが、神と人間をつなぐ架け橋というのは、祈っている時は神へ甘え、また神からの愛を感じることができるということです。

祈りは、神との対話です。神から（守護霊から）の愛を感じることができれば、イエス様の説いた教えの理解の糸口になります。

では、どういう時に神様からの愛を実感できるのでしょうか。

恋愛が成就した時でしょうか。試験に合格した時でしょうか。事業が成功した時でしょうか。病気が治った時でしょうか。子供を授かった時でしょうか。何らかの試練があり、それを乗り越えた時、人は神様の愛を感じ取ることができます。人の愛は、試練を通して成長していくのでしょう。

以上のことから、仏教とキリスト教は、教えも修行も違うということが分かりますが、しかしここで、やはり人間にはこの両方が必要ではないのか、という閃きが確かな実感として感じることができます。

第6章　統合される宗教

1　仏教とキリスト教の統合

前章で、人間には仏教とキリスト教の両方が必要ではないかと提案しました。悟りと愛は「正法の両輪」であり、仏教とキリスト教は合体してこそ「真の地球的正法」が完成すると思うからです。

人は、悟り（神の心）を知りたいために仏教を勉強し、愛（神の行為）を知りたいためにキリスト教を勉強します。

悟りは、静的環境で自らの心の内面修行によって体得していきます。若くして霊道を開いたから悟りではありません。イエス様は7歳で霊道を開き、聖霊と会話されていたそうです。その後、一般的人生の中で揉《も》まれ、また成人に達してからも様々な試練に遭われ、悪霊などの誘惑も跳ね返し、不動で不退転の信仰を確立していきました。

悟りは、出家でも在家でも、心の修行・自己確立が基本です。そのために、執着を捨て心の浄化のための反省を重要視します。

一方、愛は行為を伴います。ヤコブ様の手紙に表れています。「汝信仰あり、我行為あり」と。これは、仏教の自己確立という内なるベクトルとは逆です。

自己確立とは、自分の時間を自分のために使うことです。しかし愛の行為は、自分の時間を他の人のために使うことです。他の人の幸せのために、自分の時間を使うのが愛です。もし愛という「行為」が難しいなら、人を許すという「心」です。でも、許しが難しい場合もあります。器量や度量が、足りない時もあるでしょう。そこで必要なのが「祈り」です。

今まで祈りと言うと、自分の欲望を満たすための方法論だと思われていました。違うのです。他の方が幸せになってほしいがために、あるいは、まだ許せる心境にまで到達していない弱い自分を鼓舞《こぶ》するために、天に祈るのです。「もっと私に勇気をお与え下さい。私に愛の力をお与え下さい。許せる大きな心をお与え下さい。私に元気をお与え下さい。私に健康をお与え下さい。何故なら、イエス様の愛と許しの御技《みわざ》を、私にも為《な》させてほしいからです。聖霊に満たされ、イエス様の慈悲により、人々の苦しみを取り除きたいからです」と。

反省と瞑想が仏教の修法なら、祈りと奉仕はキリスト教の修法です。

仏教の心の内面の成長と、キリスト教の行為としての愛の成長、この両方が成長してこそ初めて「大人《おとな》」と言えないでしょうか。

前回の拙著で「大人の定義は難しい」と書きましたが、今回は「大人の定義」を提案したいと思います。

大人とは「仏教とキリスト教を両方勉強した方」です。いや、宗教に関係ありません。大人とは「心の修行と愛の行為の両方を勉強し、実践している方」です。もっとはっきり言うと〝人生の悟りを開き、愛と許しの行為ができる方〟です。

では、この逆で「子供の定義」（幼子ではない意味で）をしてみると、子供とは**「心の修行に関心がなく、愛と奉仕の行為ができない人」**です。もっと簡単に言うと**〝自分のことしか考えれない人〟**と言えます。

これで年齢に関係なく、子供か大人の判断ができます。

いつまでも子供と言われないように、人生の悟りを開き、愛と奉仕の行為ができる人になりたいと思います。

では、人生の悟りとは何でしょうか。それは、何かに得心したということです。「会得《えとく》」という表現もあります。では、得心したことが全て悟りでしょうか。やはり得心の内容が、神理（神からの教え）というものでなければなりません。では、神理か神理でないかはどう判断するのでしょう。それが、宗教を勉強する意義です。神理とは、学問や教養とは違う、神仏や高級神霊の考えを学ぶことによって分かる、神様の教えです。高級神霊から降りてくる深い洞察や真理を、一つでも得心できれば、それは悟りです。神理です。ただ悟ったといっても、人格や品格が伴わない者は、周囲に違和感しか与えないでしょう。注意点として、勘違いの悟りである「野狐禅《やこぜん》の罠《わな》」には気をつけたいものです。

また、愛と奉仕の行為を知るためには、イエス様の御心《みこころ》を知るところから始めればよいと思います。高橋信次先生時代のお話ですが、過去世でイエス様のお弟子様であったという方の話を聞いたことがあります。その方は「当時のことは鮮明に覚えているから、何でも質問してほしい」と言われました。あいにく、その当時の私はキリスト教をあまり勉強していませんでした。そして、その方に「折角ですが、私の勉強不足で質問できません」と答えてしまいました。その方は「では一つだけお話ししましょう」と言われ、「イエス様というと、何か厳しい方だというイメージがありませんか？　実は、とにかく駄洒落《だじゃれ》が好きで、朝から晩まで笑っていました。毎日がとても笑いに満ちて、いつも楽しかったのですよ」と教えてくれました。

私にとっては衝撃的な話なので、今でも覚えています。
というのは、私にとってイエス様というのは、厳しい方だというイメージがあったからです。神殿の中で商売をしている出店を壊《こわ》し、自分の母を婦人と呼び、弟子の信仰心を試すための試練など、とても厳しいイメージがありました。その反面、大工としての腕はあまり良くなくて、仲間や兄弟から揶揄《やゆ》されても怒ることなく一緒に笑っていたという説もあります。また「右の頬を打たれたら、左の頬も向けなさい。下着を取ろうとする者には、上着も与えなさい」という仰天するような教えもあります。「悔い改めよ、天国は近づいた」というような反省の教えや「あなたの敵を愛し、自分を迫害する者のために祈りなさい」といった、自分にはできそうもない教えもあります。

当時の私には、その程度の知識しかなかったので、朝から晩まで笑って生活していたというのを聞いて、ようやくイエス様の心に触れるような感じがしました。本性に触れるというのは、良いことです。イエス様の、真の姿を垣間見たような気がします。

では、私たちの日常で本性に触れ得るのはどんな時でしょうか。それは、自らの意志でボランティアをしている時です。人は欲得に関係ない場合、世の中には、こんなに良い人ばかりであふれているのかと驚く時があります。皆、礼儀正しく、穏やかで素直で優しい人ばかりです。また自分の中にも愛の心はあったと……、良い意味で再発見をします。

こんな時、今の経済システムや教育制度、社会全体のシステムが、人間の本性を歪めていることに気がつきます。きっと死んであの世に帰った時、この本性部分が出てくるのでしょう。そういう意味でも、キリスト教を中心に、愛の行為について日頃から考えておくことは、得策だと思います。

また祈りというと、ほとんどは自分のために祈っています。例えば「病気を治して健康にして下さい」とか「儲《もう》けのために商売を繁盛させて下さい」などと祈っています。でも、これだけであれば自分の欲望の祈りです。本当の祈りは「他の人の役に立ちたいから身体を健康にして下さい」とか「従業員やお客様の幸せのために商売を繁盛させて下さい」というのが本来です。神様からの他力が欲しいのは、自らの自力の復活のためです。こういう観点からは、自力と他力の境界が消えます。

仏教は自力が主流の修行ですが、その結果、守護霊の応援や天上界からの慈悲という他力の恩恵を受けます。一方キリスト教では、信仰生活の中心をなす宗教行為として祈りがあります。自分の願いを祈るのではなく、神との対話として祈ります。現世利益の祈りではありませんが、愛や許しや勇気のために祈ります。これらの観点からも、自力と祈りは同じだと言えます。

このように、仏教とキリスト教を両方勉強する理由は、より多くの方々が宗教の力によって救われて欲しいからです。本来、多くの大衆を救うために、釈尊もイエス様も人間として生まれてこられたわけです。そして、釈尊は悟りを開かれ苦悩からの解放を教えられ、イエス様は愛の教えを説かれました。それが、時代とともに仏教もキリスト教も専門化し学問化し哲学化してきたために、教義上の教えの解釈を巡って分派してきたわけです。

釈尊もイエス様も、難しい教義は何も言ってはいないのです。

「執着を捨てなさい」
「怒りを捨てなさい」
「幼子のようになりなさい」
「清い心を持ちなさい」
「人を許しなさい」

と言っているのです。簡単なことです。

これのどこが難しいのでしょうか。

つまり、実行できないのが難しいのです。では、実行できるようになるには、どうすればよいのでしょう。それが、仏教とキリスト教を統合し、心の修行と愛の修行、両方を勉強する理由です。

2 統合される宗教

今から約5000年前、世界はエジプト神話、ギリシャ神話、インド神話、北欧神話や日本神話等に代表される神々の支配でした。

約3500年前のモーセ様の時代から、宗教の時代に入ったと思います。

現在、宗教は多数の種類があり、また多くの宗派に分かれています。これは進歩したのでしょうか、それとも退化したのでしょうか。

仏教では釈尊以上の悟りを開いたという話は聞いたことがありませんし、キリスト教でもイエス様以上の方が現れたとも聞きません。開祖以降、徐々に宗派が分れたというのは、2代目3代目の「個性」が入ってきたということです。個性が入って世の中が平和になったのであれば、それは進化です。しかし、宗派で争いが発生したということは、退化したということになります。退化しているにも拘《かか》わらず、なぜ後継者たちは独自の教えを展開するのでしょうか。それは後継者たちが、教祖の境地にまで到達できなくても、理論で進化していると思っているからです。宗教とは、理論ではないのです。宗教とは、境地であり本性に問いかける教えなのです。

宗教と比べると、科学は進化していると実感できます。なぜなら、時代を追う毎に便利になり、文明は発達しているからです。しかしその反面、地球環境は確実に悪くなっています。災害や気候変動、環境破壊、新たな病気の出現など……。機械文明は進化しましたが、経済中心の武力や権力による争いや戦争が多発し、自国中心主義のため「地球全体の……」という観点が置き去りになった感があります。これは、科学と宗教のバランスが取れていないことが原因です。

科学の暴走に対して歯止めをかけるべき宗教が、役目を果たしていません。その原因は、宗教間・宗派間の争いです。本来、愛と慈悲を説く宗教が、教義の違いから争いに発展し、戦争にまでなります。宗教自体が、今、問題を抱えている状態です。本来、これからのユートピア像（理想郷）を提供すべき宗教が、その役目を果たしていません。政治への御意見番の宗教が、その機能を果たしていません。教育の指針となる宗教が、その役割を果たしていません。

日本は本来、祭政一致《さいせいいっち》でした。人々を幸せにする政《まつりごと》（祭り事）と宗教は一体のものでした。神様の声を伝える方が、政治をしていた時代もありました。しかし、やがて独裁政治となり、その欠点を補うものとして編み出した方法が、今の民主政治となっています。多数決で物事が決まる流れになっていますが、数をお金で買収したり、知名度で当選したりもしています。本当に、国家の大事、国民の幸・不幸を多数決だけで決めてよいのでしょうか。

神様は、この地上世界を我が子である人間の自由意思に委《ゆだ》ねています。しかし諸天善神の数は少ないのです。天使や菩薩の数も少ないのです。如来はもっと少ないのです。数で言えば、霊界や幽界の方が圧倒的に多いのです。これでは多数決で決めるということは、民意であるけれど神理から遠いという現象が生じます。だから一昔前は、宗教が権力を握っていた時期もありました。ただ、宗教が暴走しすぎたため科学に負け、今は危険なものとして脇に追いやられています。でも本当は、政治と宗教、科学と宗教は対立するものではないのです。本来は、地球の平和のためにお互い共存し観察し、良い関係を築くべきなのです。政治も科学も宗教も、この地上世界をよりユートピアに近づけるための方法論です。

政治の世界でも、右派や左派や中道があります。その時の心境で所属を変えたりもします。科学の世界でも、理論派や実証派があります。科学では戦争になりませんが、宗教やイデオロギーでは戦争にさえなることがあります。宗教の世界では、昔は天動説支持や生贄《いけにえ》、集団洗脳など、いわゆる迷信・盲信・狂信に陥ってそこから抜け出せないという現象が多々あります。これらが、宗教が科学に負けた要因です。これからの宗教は、知性的・理性的になる必要があります。

科学も政治も宗教も、一つの思想であり知識です。であれば、無知でいることが罪です。なぜなら、真実を知るまで過ちを続けていくからです。だから人間は謙虚に、どこまでも疑問追究を続ける姿勢が大事です。医療の世界では、5年で定説が覆《くつがえ》ることがあり、10年で正しさが変わる場合があります。そのため、生涯学習が義務付けられています。知って犯す罪より、知らないで犯す罪の方が、罪としては長く続くからです。だから、一つの説だけを鵜呑みにしないことです。一つの教義だけに偏らないことです。どこまでも疑問追究して、答えを見つけることです。

人間は所詮、神にはなれません。救世主でさえ、人間として生まれれば間違いもします。そういう意味では、人間は「罪な子」とも言えます。だから謙虚にならざるを得ません。生涯、勉強を続ける意味はそこです。だから、どの宗教でも自由に学ぶべきです。20世紀までは、どの宗教も一番を目指して争っていたのだと思います。もう一番争いの呪縛《じゅばく》から解放されて、教えの個性を学べばよいはずです。

地球では、神の色は7色に分れており、どの色が一番ということはないのです。黄金色の宗教（仏教）もあれば、白色の宗教（キリスト教）もあり、赤（ユダヤ教）もあり、紫（儒教）もあるのです。これを全部混ぜることではないし、競うことでもないし、各個性の違いを学び統括すればよいのです。

21世紀以降、全ての宗教、宗派の代表者は一堂に会して、交流のためのルールを作り、政治や科学に提言していく義務があると思います。またそれだけの見識と気概を持たなければなりません。また天上界とコンタクトできる悟りを求めて、精進しなければなりません。政治家の方々も議論しながら、ユートピアを創ろうと日々努力されています。科学者も、利便性を求め日々研究されています。宗教家の方々も、垣根を超え、地上ユートピア建設に向けてスクラムを組んでほしいと思います。

宗教が統合されていないため、地球が平和になっていません。自分のところの神様が一番、自分のところの教祖様が一番と争っている間は、地球に平和は来ないのです。宗教には個性があるだけで、本来宗教は「一つ」です。

コラム④　選挙権

日本で、満20歳以上の男女全ての国民が、選挙権を持てるようになったのは1945年（昭和20年）です（平成28年からは、18歳以上となりました）。それまでは、ごく一部の人しか選挙権がなく、全員が選挙権を持てるようになるまでは苦労の歴史がありました。しかし今、選挙権に過去の苦労が反映されているでしょうか。むしろ安易に棄権している人数は、相当いると思います。

このことについて対策があります。選挙権を、自分で貰いに行くのです。18歳になったら、自動で選挙権が送られてくるから安易なのです。18歳になったら、自分の意志で市役所に選挙権を貰いに行くのです。そして、選挙の原則に同意するという項目に、チェックを入れてくればよいのです。たったそれだけでも、心構えは変わると思います。自動的に選挙権が来るのと、自分の意志で貰いに行くのとでは、選挙に対する自覚と意識に大きな差が出ると思います。安易に与えられた選挙権では、簡単に棄権する方も多いのだと思います。

第7章　地球教を目指して

1　簡単になる宗教

仏教とキリスト教が統合して、ますます宗教は難しくなるのでしょうか。実は、もっと簡単になります。なぜ、今まで宗教は難しいと思われていたのでしょうか。また、余りに神懸《かみが》かっていたのでしょうか。それは、救世主を神聖化するあまり、人間的部分を削除して捏造《ねつぞう》してきたからです。

悟りを開いてからの救世主は、まさに「神の子」ですが、悟りを開かれる前は、一人の人間として苦悩されていますし、救世主といえども生きている間は一人の人間として修行されています。

また、宗教が民衆との間に距離ができた理由として、時代の流れの中で宗教的権威を身分制度に利用したり、政治に利用したり、権力に利用されたりしてきたこともあります。数々の宗教的奇蹟の事実もあり、権威という看板のため、哲学的な学問になり、専門化して難解な経文にもなりました。

しかし仏教の開祖である釈尊は、仏教大学を卒業したわけではないのです。自分の「心」と向き合って心の内面を見つめ、心の秘密を発見した結果、悟りを開いたのです。そして誰彼の差別なく仏・法・僧への「三宝帰依《さんぽうきえ》」の誓いだけを条件として弟子を養成し、その弟子たちに、一般大衆への伝道をさせました。

当時のインドの一般大衆に、難しい宗教講義が通用したでしょうか。釈尊がそうであったように、弟子たちも喩え話で仏教を広めたのです。例えば、維摩教《ゆいまきょう》にある「泥《でい》中《ちゅう》の蓮《はす》」についての説法は次のようなものです。

諸々《もろもろ》の衆生《しゅじょう》よ、あの沼に咲いている蓮の花を見なさい。ドブ沼の中でも美しく咲いています。人間の心と身体の関係もそうなのです。人間の身体も、目からは目ヤニ、頭からはフケ、耳からは耳垢、鼻からは鼻水、その他、汗、大小便を排泄しています。人間の身体も、あのドブ沼のように汚いものです。ところで蓮は、沼の中の泥やゴミに不平不満を言うこともなく、周りがどのような環境であろうと、美しい花を咲かすということに努力した結果、あのようなドブ沼の中でも美しい花を咲かせているのです。だから諸々の衆生よ、あなたたちの肉体も、あのドブ沼のような汚いものではあるけれど、心の中の執着を絶って、法という神理（真理）を知って生活をしたならば、あの蓮の花と同じように美しく調和された境地を得ることができ、心が安らぎを得ることができるのです」

このような喩え話で、仏教は伝わっていったのです。

これが、南無妙法蓮華経《なむみょうほうれんげきょう》の真意です。今のような難しい「お経」が出来たのは、釈尊が亡くなられてから400年も後のことです。

釈尊は、他の宗派との宗教論争を禁じていました。大いなる「宇宙即我」の境地に到達された体験を他の修行者に話しても、すぐには理解できないであろうし、また話せば、議論や論争になるに違いないと釈尊は認識されていたのだと思います。また、どの宗派の教祖が釈尊に論争を仕掛けてきても、到底、相手にならなかったと思います。実際、拝火教のカシャパー三兄弟の、僧団毎の集団帰依という現象まで起きているわけです。だからこそ釈尊は、弟子たちに論争を禁じていました。

これは修行の要が、宗教議論にはないからです。釈尊自身が、難しい宗教教義や厳しい肉体行から離れたから、悟りを開くことができたという自身と確信がありました。

悟りは、自分の心の中にあるのだと自覚できるかどうかです。

悟りとは、心の修行です。

宗教知識は充分だけど、まだ悟りを確立できないでいるのが、今の仏教の現状です。だからもう一度、仏教は原点に戻れば簡単になります。これは高橋信次先生時代に実証済みです。信次先生が伝道を開始されてから約7年で、約３００人が霊道（阿羅漢）を開きました。信次先生の教えは単純、明快、矛盾なしでした。あまりに単純なので、私のように「本当の中道はどこか？」とか「学生に八正道も必要なのか？」というような理屈っぽいタイプは、逆に一人で混乱していました。素直に執着を捨て、心から反省し、一心に打ち込んだ方たちの多くが霊道を開いていきました。その後、信次先生の急逝《きゅうせい》により、分裂と混乱が起こり瓦解《がかい》してしまったのが残念です。

つまり、仏教の原点は、当時の無学文盲の人々にも分かるほど簡単な教えであり、記憶力の悪かったハンドフであっても、悟りを開けたということです。

イエス様の教えもそうです。イエス様の職業は大工で、身分は平民でした。イエス様は、神学校を卒業していません。ただイエス様は、小さい頃から霊的能力が開かれていたそうで、イエス様の能力を見抜いた長老たちが、様々な勉強会にイエス様をお連れし、またイエス様御自身も、預言書を読み、宗教家の話を聞き、寸暇を惜しんで勉強されたそうです。そこでイエス様の教えの骨格は作られていったのでしょう。またイエス様自体、小さい時から聖霊と対話されていたようです。そのような背景からかイエス様の言葉は簡潔で詩のようであり、誰でも覚えやすいものでした。

私を、自戒させる言葉があります。

「あなた方の中で罪のない者が、まずこの女に石を投げつけるがよい」

ほとんどの人が一生、石は投げられません。

私を、悟りに導いた言葉があります。

「誰でも、情欲を抱いて女を見る者は、心の中ですでに姦淫《かんいん》したのである」

これほど厳しい言葉はありません。この言葉を聖書で見た時から、考える時間が欲しくて、キリスト教から離れたくらいです。しばらくは、イエス・キリストという名前に、おびえていました。

また今でも考えさせられる言葉があります。

「もし、誰かがあなたの右の頬を打つなら、他の頬をも向けてやりなさい。あなたを訴えて、下着を取ろうとする者には、上着をも与えなさい」

その気持ちは分かります。しかし「お茶が飲みたいから、茶菓子まで付けなさい」

という次元の話ではないことも分かります。言葉は簡単ですが、悩んでしまう内容です。

愛を簡潔に言っておられます。

「私が、あなた方を愛したように、あなた方も互いに愛し合いなさい。人が、その友のために命を捨てること、これよりも大きな愛はない。『神を愛している』と言いながら、兄弟を憎む者は、偽り者である」

これ以上、分かりやすいお言葉はありません、

山上の垂訓の出だしです。

「心の貧しい人たちは幸いである。天国は彼らのものである」

「心の清い人たちは幸いである。彼らは神を見るであろう」

誰にでも分かる簡単な言葉で述べられており、誰かの講釈を聞くまでもありません。この御言葉《みことば》のまま、自分の胸の中で暖めていたいと思います。

もともと、釈尊の教えも、イエス様の言葉も簡単だったのです。それが、仏教やキリスト教が専門化・学問化してから難しくなったのです。だから、仏教とキリスト教の統合により、最初の状態に戻せば教えは簡単になるのです。

問題は、教義です。つまり霊界法則です。転生輪廻や霊界構造、天国・地獄の様相、

霊界生活、人間の使命と人生の意義、神と仏の違い、神の諸相、宇宙の構造については、救世主の方々にもう一度御生誕して頂く必要があります。なおかつ、科学的証明も必要ですので、科学者にも時空間の扉を開いてほしいと思います。

2 地球教を目指して

仏教とキリスト教は統合できる、という可能性を示唆してきました。

では、地球人にとって「世界宗教」とは何でしょうか。それは、地球人とは全員、宇宙船「地球号」の乗組員であるという共通認識を持って調和し、その上で進歩していくための教えです。

現在、世界三大宗教と呼ばれる、仏教、キリスト教、イスラム教は地球人同士の調和に貢献しているでしょうか。まだまだ宗教間、またその中の宗派間で争っている段階だと思います。では、これから迎える宇宙時代に入って必要とされる世界宗教とは何でしょうか。

それが、新しい共通概念となる〝地球教〟です。これまで述べてきた仏教とキリスト教の統合は、その地球教の前段階と思って頂けたらよいかと思います。

地球教とは、地球人同士の調和のみならず、地球人と宇宙人が調和し進歩していくための、地球的立場に立った教えです。

宇宙空間の異次元領域を、ワープで飛行してくる科学力の持ち主は、今の地球人とはかなり価値観が違うと思います。例えば、科学のためには人権を無視した人体実験をし、物質は共有財産であるから所有権に自他の区別はないなど、価値観や倫理観が今の地球人とかけ離れている場合、何らかの調整原理、つまり地球法律を提示しておかなければならないのです。その法律の元になるのが地球教です。あるいは地球憲章です。

例として分かりやすい「モーセの十戒」を挙げてみたいと思います。というのは「モーセの十戒」は実際、具体的な法律の元になっているからです。

■モーセの十戒

１　わたしのほかに神があってはならない。

２　あなたの神、主の名をみだりに唱えてはならない。

３　主の日を心にとどめ、これを聖とせよ。

4　あなたの父母を敬え。
5　殺してはならない。
6　姦淫してはならない。
7　盗んではならない。
8　隣人に関して偽証してはならない。
9　隣人の妻を欲してはならない。
10　隣人の財産を欲してはならない。

（カトリック教会）

第1章に正法の基準として次の7項目を掲げました。

①人間の本質である心（魂）と永遠の生命観の教えがあること。
②あの世とこの世の教えがあること。
③愛と慈悲の教えがあること。
④秩序と礼節の教えがあること。
⑤反省の教えがあること。

⑥努力・精進の教えがあること。
⑦家庭内ユートピアの教えがあること。

そこで大変畏れ多いことですが、「モーセの十戒」と正法の基準とを合体し、新しい条文を構築してみます。

まず1の神に関して、地球での神は太陽神霊とします。これで宗教戦争がなくなります。人格神が主祭神だから、争いの原因になるのです。太陽の恩恵に関しては、誰も異論はないと思います。

2と3は、人格神から太陽神になったので不要です。

4の父母を敬う件に関しては、秩序・礼節の教えを組み合わせて、あなたの父母を敬い、社会の中では礼儀と節度を大事にすることとします。

5から10までは、秩序の教えと隣人愛を加えて整理します。

そうすると足りないのが、心の教えと、霊的視点、反省と家庭内ユートピアです。心の教えは反省に組み込み、霊的視点は守護・指導霊への感謝とします。

そこで、これらの項目を付け足して新たに地球教として整理し、大変畏れ多いことですが「新十二ケ条」を挙げてみます。

地球教

1 地球の神は、太陽神である。
2 父母を敬い、社会では礼儀と節度を守ること。
3 家庭内ユートピアを大事にすること。
4 隣人に関して偽証してはならない。
5 盗んではならない。
6 姦淫してはならない。
7 殺してはならない。
8 隣人を愛すること。
9 地球ユートピア建設に貢献し、守護・指導霊に感謝すること。
10 努力・精進に励み、一日の終わりには心の中を点検すること。
11 地球教は、仏教・キリスト教・イスラム教その他の民族宗教により構成される。
12 地球教は、新たな救世主の出現をもって、さらに発展するものである。

これは、何も新しい宗教を作ろうというのではなく、価値観や倫理観が違う異星人と交流が始まった時のために、具体的な地球的価値観や倫理観のたたき台として提示したものです。

私はまだ「法」を説くことを許されていないので、あくまでも参考意見として述べてみましたが、例えば、西洋医学でも東洋医学でも医学は一つです。その中に、外科や内科や様々な専門分野があります。宗教も一つです。地球には地球教です。地球教の中に、仏教やキリスト教やイスラム教、その他の宗教があるのです。地球教は、簡単でよいのです。

コラム⑤　無限大（∞）＝0　0＝∞

矛盾という言葉を解決したことがありますか。

絶対何も通さない盾《たて》と、何でも突き破る矛《ほこ》がぶつかったら、どうなるかという問題です。このような解決があります。

矛の先端を拡大して見ると、小さな盾になっているのです。また盾を拡大して見ると、無数の矛が連結して出来ていたのです。つまり、矛も盾も同じ物であったのです。1本の物を矛、複数の物を盾と呼んでいたとすれば、もともと同じ物を競わせることが無意味となります。

この矛盾の解決方法が分かってから、∞＝0という方程式が出てきました。∞というのは、それこそ無限大のことです。今まで、宇宙の果てというのをどう解釈したらよいのか悩んでいました。宇宙の果てが無限大というのが、実感できません。

そこで、出てきた∞＝0を当てはめてみました。そして、なぜ宇宙の果てが無限大なのか考えました。思いついたのは、果ての向こうが0であれば無限に膨張できます。

つまり０＝∞ともなります。果ての向こうに何かがあれば、もうそこで無限ではなく有限になります。しかし、果ての向こうが何もない０だとすれば、どこまでも無限に膨張できます。つまり三次元宇宙空間の周りは何もないから、空間物質的には０であり、宇宙の果ては無限に広がることができます。そして、時空連続により四次元という０に入っていくと思います。

これが∞＝０　０＝∞という公式の意味です。

第8章　徳を目指して

1　第六感の獲得

人間はなぜ修行をし、なぜ成長を望むのでしょうか。

それは、人生の目的と人間の構成（造り）に関係します。人は本来「あの世」の住人で、霊的存在です。この霊的存在である人間が、神様の御意向で進化を目指して「転生輪廻」というシステムに組み込まれました。この転生輪廻により、一定期間、この地上に生まれてくるわけです。その目的は新しい体験です。

ただ、この体験には危険が伴っています。潜水服を着て、深海の海を探検するようなものです。一歩間違うと事故が起きるし、最悪、命を落とす場合もあります。そのために、潜水中でも海上と連絡を取りたいわけです。この連絡が、第六感です。

人は誰でも無意識に、第六感の獲得を目指しています。

では、第六感とは何でしょうか。それは霊的直感です。人は誰でも、直感の経験があるものです。例えば、テストの問題の一部が事前に分かるとか。物事の成否が事前に分かるとか。何かの危険を事前に察知するとか。クイズ番組でも、問題の途中で答えが分かる方がいます。

この能力の延長線上に、予言などがあります。人間は、この地上に生まれてくる前は、あの世では皆、霊能者でした。だからある程度の予知や察知は、普通でした。しかし、この地上に生まれてしまうと、霊的には全くと言っていいほど盲目になり、少し先のことさえ分からなくなります。しかし本来は、そうではないことを知っています。予知や察知というのは、先が読めるということです。

この先を読む能力が、第六感です。ではなぜ、第六感が必要なのでしょう。一つには、例えば車の運転でナビ（案内）があった方が楽だからです。つまり、第六感が働くということは、人生の水先案内人がいるようなものです。もう一つは、悲劇を防げる場合があるからです。子供の痛ましい死亡事故や、世間一般の不慮の事故など、起こってしまう前に未然に防げるなら、防ぎたいと思います。この時「虫の知らせ」のある人とない人がいます。この「虫の知らせ」が、第六感です。これは悟性から発生します。

人間の精神活動には、感性、本能、知性、理性の4項目が関係します。これらに霊感が加わると「悟性」になります。この悟性が第六感に進化した時、人類にテレパシー能力が目覚めるのでしょう。この時初めて人類は、宇宙人と対等に会話ができるのだと思います。

2 徳を目指して

愛と悟りについて語ってきましたが、それどころではないという方もいると思います。愛や悟りを考えることができるのは、それだけ人生に余裕があるからだという声も聞こえそうです。「今は人生最悪の時だ」という方もいると思います。そういう方には「徳」を提唱したいと思います。生まれつき徳を持っている方もおられます。でも原則、徳は後天的に獲得するものです。

では、徳とは何でしょうか。それは無言の感化力です。では、無言の感化力とは何でしょうか。それは、神様の光である「慈悲」を感じることができるということです。つまり「徳とは、慈悲の人間的表現」ということです。

具体的には、知力、体力、財力が豊富で、顔つき、態度、言葉使い、雰囲気いわゆるオーラ（霊的放射）が、神様に近いということです。

では、どうすれば雰囲気が神様に近くなるのでしょう。それは、人生の途上で守護霊や指導霊からもらった宝（徳）が「天の蔵」に貯まった結果、現れてくるものです。天の蔵に宝が貯まってくると、地上にいる人間であっても、魂の天国的香りがしてきます。だから、神様のような格好をしなくても、徳を積んでこられたというのが分かります。その逆で、徳がないのに威張《いば》ってみたり神様の格好をしている場合は、周囲は分かるものです。滑稽《こっけい》だからです。

では、どんな時に徳が貯まるのでしょうか。一つは試練を耐えて、一生懸命生きている時です。また逆境を生きている時です。人の嫌がる仕事を進んでしている場合です。また、障害を持って生きていく場合もそうです。その他、老衰で身体機能が落ちているのに生きているのも、人生最後の徳を積んでいます。この時、恨《うら》み辛《つら》みで生きている場合は、徳が貯まらずむしろ減ります。

徳が貯まるためには「人生の目的と使命」を知っている、つまり「法」を知っていることが何より重要です。このような方は、逆境に耐えて生きている時に徳を積んでいます。病気、失恋、事故、失敗、挫折、別れ、裏切り、苦難、詐欺被害など人生最悪という時に、徳を積むチャンスがあります。この時、どう耐えて生きたかが、自分の精神的遺産になるからです。つまり慈悲の基礎になります。また逆境をバネとして、つまりマイナスを撥ね返してプラスの人生に転じた武勇伝は、後世の人たちに勇気も与えます。だから、人生最悪から再起した沢山の経験を持っている方は、それだけ徳が多いことになります。

では、恨み辛みの他に徳が減る時はどんな時でしょう。それは、人生が順調で傲慢《ごうまん》になっている時です。感謝がない、気配りが少ない、成功を一人占めしたなどで徳が減ります。**ということは順調な時でも、徳を増やす方法があります。それは、人々に感謝し、富を分配し、成功を広げることです。**

では、逆境や順風満帆などのダイナミックな出来事でないと、徳は増えないのでしょうか。そんなことはありません。日常の平凡なことでも、徳は増えたり減ったりしています（信次先生のトイレ掃除の例）。炊事・家事から始まり、仕事、奉仕、ボランティア、活動、事業など何でもよいのです。神様は、行為しているその「心」を見ています。不平不満や恨み・辛みの心では、徳は減ります。感謝や親切心、向上心で向かう時、徳は増えます。辛い時や苦しい時、神様の御心に適って頑張っている時、徳は増えますが、御心に適っていない時には徳は減ります。そういう意味では、徳は愛と似ています。

この世では、相手からものをもらうと、それは自分のものです。相手にものをあげると、それは相手のものです。つまり「この世・三次元の世界」では、「モノ」を実際に所有している人が、所有者です。これは「三次元・この世の法則」の適用を受けます。

では、四次元以降の世界はどうでしょうか。四次元以降の世界を分かりやすく言うと、夜寝ている時の「夢」の世界です。だいぶ勝手が違うと思います。もう一つは、今考えたり思ったりしているその「思考」が、四次元以降の存在です。つまり、心は四次元以降の存在です。四次元以降の存在は「あの世の法則」の適用を受けます。愛も徳も、四次元以降の存在です。

だから、自分が愛を相手からもらうと「あの世の法則」により、その愛は相手のものです。愛を相手にあげると「あの世の法則」により、その愛は自分のものになります。なぜなら、愛の対価は相手からでなく、あの世の法則により神様から来るからです。だから、良かれと思ってした行為、誰かの役に立ちたいと思ってした行為のご褒美（徳）は、神様からもらいます。そのため、人は誰でも、神様からもらったご褒美を貯めておく「天の蔵」という金庫を、あの世に持っています。だから、多くの人に愛を与えた人は、天の蔵に宝が貯まってきます。その逆で、絶えず人から愛をもらった人・奪った人は、蔵自体が寂れてきます。その結果が、愛の多い人・少ない人、徳の多い人・少ない人の差になってきます。

愛の多い人、徳の多い人とは、どんな人なのでしょう。それは、人に奉仕することが心の喜びになるという原理を、無意識に知っている方です。徳の多い人・愛の多い人は、魂も大きくなってきます。

では、魂が大きくなるとはどういうことでしょうか。それは、より神様に近くなるということです。より神様に近くなるとは、どういうことでしょうか。それは、より全てが分かり、より多くを救えるということです。

世の中の構成要素は多種多様、様々な分野があります。

例えば、文系、理系、体育会系、芸術系などがあります。

また、一次産業、二次産業、三次産業などといった職種もあります。

硬派もあれば軟派もあり、右翼があれば左翼もあり、中道もあります。

善もあれば悪もあり、正義もあれば不正もあります。

金持ちもいれば貧しい人もおり、健康な人もいれば病人もいます。

神様は、これらが全部分かります。
しかし神様には、顕示欲がありません。
神様は、いつも穏やかです。
しかし神様は、必要とあらば動きます。
神様の智慧は、深淵です。
神様は、愛と慈悲の塊です。
全知全能にして最高の徳の方が、神様です。
そして人間は、その神様の子です。

もともと人間は、神様と共に暮らしていました。神様は、哲学的な難しいことは何一つ言ってないのです。父母を敬いなさい、人を殺してはいけません、ウソをついてはいけません、盗んではいけません……というような神様と人間との簡単な契約があったのです。これを人間が破ったため「本来の転生輪廻」の他に、魂の傾向性である業《カルマ》の修正のため「修行の転生輪廻」も加わったわけです。だから、この地上に人間として生まれてくる時には、魂の兄弟が守護霊として各自に付いており、霊的アドバイス（第六感）を送っています。

そして、苦しみや失敗を体験することは、あらかじめ想定済みなので、何とかそれを乗り越えて「徳」を積んでほしいと、守護霊も必死です。人間は苦しい時、失敗した時、神様に祈ったり宗教書を読んだりします。その時、難しい宗教書や他力の祈りなど、本来は要らないのです。目には見えない守護霊の存在を感じ取れるかどうか、この一点です。守護霊は、本人が苦しんでいることは、もう充分に分かっています。守護霊も涙しながら、それが今回生まれてきた意味だ頑張れと、必死で祈っています。

愛にも悟りにも余裕がないという方は、今その最悪の中で徳を積み、魂の祖《おや》である神様を目指し、守護霊の期待に応えていきましょう。

コラム⑥　反省の奥義

修行者にとって難しいのは反省です。

当初、釈迦教団に入門するには1週間反省して、頭から後光が出ていることが条件でした。具体的には、自分が過去に思ったこと、行ったことを一つ一つ点検し、間違っていたなら心から神に詫び、二度と同じ間違いをしないようにすることを神に誓うということです。そして、その反省の正しいという基準が中道で、中道の目安は両極端に片寄らない自然の摂理から学ぶというのが、今までの教えでした。

出家した修行者にとって反省とは、表面意識と潜在意識の中間に存在する想念帯を浄化し、霊的覚醒への道筋を開く方法です。しかし、在家の修行者にとっては、この教えだけでは中道を求めて堂々巡りになるという葛藤がありました。

そこで、在家者にとって新たな反省の考え方を提示します。

1、心の浄化の反省

2、心の癒しの反省
3、正しさを発見し、それに向かって実行する反省

1の心の浄化ですが、反省の要《かなめ》はまず心を清める、執着を捨てるということです。神道で言えば禊祓《みそぎはらい》いです。キリスト教で言えば懺悔《ざんげ》です。反省の第一は、この心を清めるということです。また、あの世に帰って天国に入れる条件で最も大事なのが、この心の浄化です。地位や金、権力や財産は、あの世に帰れば垢《あか》か塵《ごみ》の類いです。天国に入れるたった一つの条件が、清い心です。

2の癒しの反省ですが、これも大事です。心に受けた傷で、知らないうちに心の病気になっている場合があります。短気、引きこもり、鬱《うつ》、自殺などは心の病気です。身体の病気は、心の病気が引き金になっているとも言われます。心はとてもデリケートなものです。自分にとって大事なものは大切に扱うし、手入れも小まめにするはずです。愛車の洗車に生き甲斐を感じている方もいるはずです。であれば、自分の心も傷や怪我がないか点検し、ストレス発散で解決できるものから、専門医のカンセリングが必要なものまで見極め、早めに手入れすることが大事です。

3の正しさを発見し、それに向かって実行するというのが、反省の本意です。本当

の反省は、反省と発展が一緒になっています。そういう意味では、人生とは正しさを発見する旅とも言えます。正しさは、成功より失敗などから多く学べます。悔しさや不安から眠れない夜を経験する時もありますが、それこそ「正しさを発見するための産みの苦しみ」です。何が原因だったのか分析し、そして何が正解だったのかを探ります。対策とそれに向けての努力が必要です。正しさの発見のためには、立ち止まって振り返る必要があります。内省や自己観照というブレーキです。正しさに向けての実行はアクセルが必要です。このアクセルが、光りのみ実在とする光明思想です。

真の反省には光明思想が内在しています。そう理解できると、反省は慈悲だというのが分かってきます。

最後に ―3つの提言―

1　尊厳死

最近は歯科でも、往診が多くなっています。寝たきりの患者さんが多いからですが、中にはベッドで手足をひもで繋《つな》がれている方もいます。聞けば暴れるからとか、徘徊《はいかい》するからという理由です。それを見るたびに、そうまでして生きる意味は何かと考えてしまいます。

ピンピンコロリは理想ですが、医学が発達したお陰で、本来は亡くなっていたかもしれない方が、また病院から戻ってきます。健康で以前のような生活に戻れれば問題はないのですが、寝たきりになってしまうと本人も家族も辛いものがあります。本人は寝たきりで背中に褥瘡《じょくそう》という潰瘍ができたり、家族は介護の世話で大変です。

なぜ死ねないのか、あるいは死なせてくれないのか。これは、死生観が原因です。

死んだら終わり、生きているうちが花。皆、そう思っています。正法から言えば、これは間違っています。死んでもあの世はあるし、天国もあります。生きている時に悪事の限りを尽くした人や、自殺などした方は長らく地獄で修行しますが、多くの善良な方は天国に帰ります。

最近、我が家の愛犬が、老衰と病気で亡くなりました。死を迎えて、妻と大喧嘩しました。安楽死を唱える私と自然死を主張する妻です。結局、妻には勝てないので自然死となりましたが、亡くなるまでの苦しむ姿が本当に気の毒でした。私の父や知人が亡くなった時は、薬で眠るように亡くなっていきました。人間も動物も寿命を悟ったなら、死ぬ時は「尊厳死」の決定権があり「積極的安楽死」を選べるようになれば、本人も周囲も気持ちが楽になると思います。

終末期医療費は、他の医療費と比べて高い医療費になる可能性があります。医療費の膨張により国の財政面への圧迫が叫ばれる今、終末医療を見つめ直すことによって、人間の死に様が生き様になると真剣に考える時期が来ていると思います。また、そのことを社会に提言する、大医（大いなる国をも救う医師）の登場を待ちたいものです。自殺死では天国に行けませんが、尊厳死は守護霊の許可が必要です。そういう意味で、守護霊と対話できる僧侶の出現が待たれます。

2　国際警察と自衛隊

自衛隊は軍隊なのか。憲法違反なのか。

はっきりしない難しい問題ですが、解決方法があります。それは、新しい概念のもとに自衛隊を警察にするのです。現在ある警察は、そのまま国内警察とします。自衛隊は「国際警察」と「宇宙警察」に分けます。現在ある自衛隊は国際警察に、そして、現在は宇宙作戦隊になっていますが、新たに宇宙警察を新設します。

警察は今まで通り、警察庁の管轄でよいと思います。国際警察と宇宙警察は、防衛省の管轄でよいと思います。自衛隊という言葉をやめて、警察にすればよいのです。国内警察の武器は、拳銃か機関銃です。国際警察の武器はミサイルなどになりますが、日本から他国を侵略する意図がないので、戦車などの侵略兵器は必要ありません。歩兵戦闘車でよいわけです。また宇宙人と交流すれば、今の古典的武器はあまり役に立ちません。あくまでも国際犯罪つまり、山賊や海賊、領空侵犯を防ぐための武器、つまり戦闘車、駆逐艦、戦闘機などがあればよいわけです。日本国憲法並びに国内法ではっきり定めて、国としての立場・考えを国内に、そして世界に分かりやすく宣言するのです。

軍隊ではなく、警察というところがミソです。であれば、武器の携行や武器の使用も、警察権の範囲で実行できるわけです。軍事費の膨張・拡大は、大幅に削減できると思います。その分を、医療分野や福祉や人材教育費に充当できれば、世界平和に貢献できると思います。また若者たちにも、将来の夢と希望を与えることにもなります。

あと是非、宇宙警察が充実してほしいです。昔、サンダーバードという国際救助隊の人形劇がありました。超高速のロケット艇で現場に急行し、そこから指示を出して地下から宇宙空間まで、ありとあらゆるところで救助活動するというものです。そういう意味で宇宙警察には、武器よりも救助のための超高度な装備・設備が必要になります。そして、宇宙警察は宇宙人と交流してほしいと思います。国連とも協力し、世界の警察と認められれば、やがて戦争のための軍隊とは違うと、世界中の人々からも認められると思います。

自衛、防衛、警察は国の義務であり、権利であります。

3　政治家も免許を

今、一番問題なのは、政治家が無免許であるということです。つまり、無免許で立候補できるということです。これは、被選挙権の条件が年齢と供託金《きょうたくきん》が主なのに起因します。世の中には、免許の要らない仕事もありますが、ほとんどの仕事に免許が必要です。しかし、社会にとっても国民にとっても、政治を司《つかさど》るという非常に重要な職業が無免許でできるというのは、政治を甘く見過ぎていると思います。

例えば医師免許というのは、医学部に入学しただけでは取得できません。卒業試験にパスし医師国家試験に合格して「医師免許」が取れますが、さらに臨床研修制度に合格して初めて医師になることができます。一昔前は医院に丁稚奉公《でっちほうこう》し、見よう見まねで医療知識と技術を覚え、そのまま医師になりすました方がいました。これを「モグリの医者」と言います。今の政治家は「モグリ」状態です（政治家さん、ごめんなさい。あくまでも制度のことを言っています。政治学部を卒業した優秀な政治家の方々が、日本には多数おられることは承知しております）。

これからは、政治家や行政の仕事をしたいのであれば、それなりの大学に入学し、政治国家試験に合格し、行政免許を取得すべきです。さらに行政機関で修行し、その後立候補できるシステムを構築しないと、政治のレベルが向上しないと思います。またた は、議員秘書で研修を積んで資格を取るか、政治家専門学校で資格を取った後、行政機関で研修を受けるという制度でもよいと思います。なかには、職業代表の方もいるでしょう。そういう場合でも、何らかの研修制度が必要だと思います。

これは例えば、国政に参加したくて議員に初めて立候補したとします。当選した議員は一年生議員と呼ばれ、しばらくは色んな場所に研修に出されます。当初は、色んな提案があると思うのですが、今、政治は「多数決の原理」で動いているので、基本は政党政治です。つまり、新人議員一人ではどうにもなりません。一人では変革や改革は難しいわけです。そしてその政党内でも、権力抗争のため派閥が出来上がっています。だから、新人議員が一人で国会に参画しても一人では何もできないし、一年生議員と言われて、しばらくは勉強させられているわけです。それは当然のことです。今まで政治的に素人であった方が、いきなり国会議員になって、政策論争などできるでしょうか。質問しかできないと思います。まずは、事務的なことから勉強することになるでしょう。

これは考えてみれば、医者になるのに選挙で当選して医者になるような方法です。

現実的に考えて、選挙で当選してそれから勉強している医者と、医科大学で教育を受け国家試験に合格して医師免許を持った医者と、皆さんならどちらの医者に診察を受けたいですか。手塚治虫氏の漫画に出てくるブラック・ジャックのような凄腕《すごうで》の無免許の医者を除けば、当然、免許のある医者に診察・治療をしてもらいたいです。政治もそうだと思います。選挙で当選してそれから勉強している議員と、政治学部で教育を受け免許を取得し、行政や法律や経済の知識を持っている議員とでは、やはり教育を受けた方に政治をお願いしたいと思うはずです。

どのような職業でも、ほとんど免許が必要です。なのに、なぜ政治だけは無免許なのですか。また、行政に携わる方が、なぜ無免許なのですか。政治や行政は、無免許でもできるような、そんな簡単な仕事なのでしょうか。違うはずです。

政治とは、地域住民や国の未来のため、高度な判断力と政策力が必要とされる、神の代理人とも言える仕事なはずです。

新型コロナの対策でも、政治家に求められているのは、医療の知識があり、経済人でもあり、行政のプロであり、教育者でもあり、外交能力もありと、それこそオールマイティーの能力を必要されていると思います。だからこそ、これからの時代は優秀な政治家養成のための制度を構築すべきだと考えます。そして、何年もかけて育ってきた優秀な政治家は「国の宝」だということを認め、世界に対しても日本の「顔」として認めてもらうことです。そして定年後は賢人会を組織してもらい、首長の暴走やこじれた問題に対して、提言してもらえばよいのです。

だから、一度でも選挙に当選した人（人財）は、次回は落選しても行政機関で採用して、無職・無収入という期間をなくしてあげるべきです。これは緊急課題であると思います。この重要問題が改善されれば、日本は世界に冠たる国になっていくでしょう。是非、日本の近未来のためにも、早々に改革をお願いします。

あとがき

この本の流れは、啓示で書いたものです。

ただ内容は、校正するたびに深化していきました。また、自分でも納得するまで啓示を待ちました。そのため、完了するまで予想外の時間がかかりました。

啓示というか閃きは、いつも朝方です。

おそらく朝は、潜在意識から表面意識に切り替わる中間にあるのだと思います。そして、閃き後の文章であっても書き終わった後の校正で、内容が変わる場合があります。これは、霊言でも同じ現象が起きていると推察できました。「レムリアの風」というグループに参加していた時、霊言者の降ろす霊言の真偽を巡って、かなり悩みました。今回、章の順序が変更したり、内容が違った展開になるという現象を体験し、啓示も個人能力の制約を受けるということが分かりました。

自分の知らないことを指摘された時、文献を参考にしました。参考書や文献を読むと、また閃きが出ることがあります。その時の閃きは、自分自身で審神者《さにわ》をしなければいけませんが難しいものです。だから、仲間からのアドバイスはとても貴重でした。

「三人寄れば文殊の知恵」「認識力が上がって理解できることがある」という体験をさせてもらいました。まだまだ分からないことが多いということを感じました。

この本のテーマは「宗教の統合」と「地球教」です。

21世紀以降、宗教は統合の時代に入っていく必要があります。というのは地球環境が悪化しており、政治や科学の暴走を抑制するのは、本来宗教の役目だからです。ただ霊的能力の悟りでも、まだ転落の危険性があります。それが分かって以来、悟りと愛の補完関係が分かりました。

愛のない悟りも、悟りのない愛も、どちらも不完全です。
愛のない思想も、智恵のない愛も、どちらも不毛です。
愛のない行為も、行為のない愛も、どちらも報われません。

では、どうすればよいのか。

そう、仏教とキリスト教を統合するのです。各宗派・宗教を否定するものではありません。個性や特色は大事なものです。ただ、これから来る宇宙時代に向けた地球教が、地球人のためにも宇宙人のためにも、やがて必要になります。その時、この本がいくらかでも役に立つことを祈念します。

この本が、各宗派・宗教を信仰する方の信念を害したとすれば、心から謝罪するものでありますが、真意を汲んで頂けることを心よりお願いする次第です。

最後に、内容や構成のアドバイスを頂きました「高橋信次先生研究会」ピパラの樹代表吉村勝様並びにメンバーの皆様には、大変お世話になりましたことを深く感謝申し上げます。また、厳しくも愛溢れるご指導をして頂いた東北女子大学教授佐々木隆先生に、深くお礼申し上げます。

参考文献

『仏教要説 ―インドと中国―』 前田惠學 （山喜房佛書林）
『聖書』（日本聖書協会）
『例文 仏教語大辞典』 石田瑞麿 （小学館）
『サンスクリット版全訳現代語訳 維摩教』 植木雅俊 （角川ソフィア文庫）
『サンスクリット版縮訳現代語訳 法華経』 植木雅俊 （角川ソフィア文庫）
『仏英独日対照 現代キリスト教用語辞典』 倉田清・波木居純一 （大修館書店）
『キリストの建設』 沢田和夫 （中央出版社）
『仏教とキリスト教―どう違うか50のQ＆A―』 ひろさちや （新潮選書）
『霊界通信 イエスの少年時代』 G・カミンズ著 山本貞彰訳 （潮文社）
『霊界通信 イエスの成年時代』 G・カミンズ著 山本貞彰訳 （潮文社）
『原始仏典』 中村元 （ちくま学芸文庫）
『南無阿弥陀仏と南無妙法蓮華経』 平岡聡 （新潮新書）
『全文現代語訳 浄土三部経』 大角修 （角川ソフィア文庫）
『維摩教講和』 鎌田茂雄 （講談社学術文庫）
『空の哲学』 矢島羊吉 （ＮＨＫブックス）
『心の原点』 高橋信次 （三宝出版）
『心の発見 科学篇』 高橋信次 （三宝出版）

『人間釈迦 1～4』高橋信次（三宝出版）
『キリストの霊言 過去の教義を超えて』善川三朗（潮文社）
『現代の仏陀 高橋信次師 Ⅰ～Ⅱ』大橋信史（中央アート出版社）
『誰も書かなかった高橋信次 巨星の実像』菅原秀（成甲書房）
『神理とは何か 高橋信次の思想体系』道下敏昭（碧天舎）
『真のメシア 高橋信次』河上修二（たま出版）
『正法と高橋信次師1』園頭広周・花田成鑑（正法出版社）
『仏教とキリスト教』大法輪閣編集部［編］（大法輪閣）
『太陽の法』大川隆法（土屋書店）
『黄金の法』大川隆法（土屋書店）
『永遠の法』大川隆法（土屋書店）
『大天使ミカエルの降臨1』大川隆法（土屋書店）
『谷口雅春霊言集 如来界から生命の実相を語る』大川隆法（土屋書店）
『学研ミステリー百科⑦ 超能力者大百科』（Gakken）
『地球憲章』地球憲章推進日本委員会（ぎょうせい）
『臨終医のないしょ話』志賀貢（幻冬社）
『前世療法 医師による心の癒し』久保征章（東方出版）
『霊供養入門 運命は改善できる』谷口雅春（財団法人 世界聖典普及協会）
『心の発見 文証篇 高橋信次先生の説かれた正法に基づいて』井出章彦（デザインエッグ社）

参考文献

『28時間の奇蹟』レムリア・ルネッサンス（たま出版）
『レムリアの風』関谷晧元（日新報道）

佐藤　秀人（さとう ひでと）

1951年、青森県生まれ。5歳の時より霊的体験があり、22歳で高橋信次先生の正法に触れる。以来、GLA、幸福の科学、ひまわり、レムリアの風などの組織を体験し、62歳で彼岸の悟りに到達する。現在、歯科医院を営む傍ら、どの宗教団体にも属さず、正法を研究している。
著書に『彼岸の悟り ―高橋信次先生に捧ぐ』（風詠社）がある。

仏教とキリスト教の統合
「地球教を目指して」―高橋信次先生に捧ぐ―

2021年1月18日　第1刷発行

著　者　佐藤秀人
発行人　大杉　剛
発行所　株式会社 風詠社
〒553-0001　大阪市福島区海老江 5-2-2
大拓ビル 5 - 7 階
Tel 06（6136）8657　https://fueisha.com/
発売元　株式会社 星雲社
（共同出版社・流通責任出版社）
〒112-0005　東京都文京区水道 1-3-30
Tel 03（3868）3275
装幀　2DAY
印刷・製本　シナノ印刷株式会社

ISBN978-4-434-28445-8 C0014